社会稳定风险评估的双重驱动与逻辑

尹利民 著

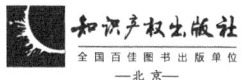

图书在版编目（CIP）数据

社会稳定风险评估的双重驱动与逻辑/尹利民著. —北京：知识产权出版社，2020.12
ISBN 978-7-5130-7314-1

Ⅰ．①社… Ⅱ．①尹… Ⅲ．①社会稳定—风险评价—研究—中国 Ⅳ．①D63

中国版本图书馆 CIP 数据核字（2020）第 228150 号

内容提要

本书主要探讨驱动社会稳定风险评估的内在动力与逻辑。社会稳定风险评估中的问题，与各主体获取信息的能力不同，与他们间不均衡的权力有关。社会稳定风险评估的过程涉及多个权力主体的博弈，交织着权力与规则的相互渗透、相互嵌入，权力与规则成为社会稳定风险评估的双重驱动力，并蕴涵着国家与社会关系的内在逻辑。

读者对象：科研工作者，教师与研究生，从事社会稳定风险评估的工作人员。

责任编辑：栾晓航	责任校对：谷 洋
封面设计：博华创意·张 冀	责任印制：孙婷婷

社会稳定风险评估的双重驱动与逻辑

尹利民 著

出版发行：知识产权出版社 有限责任公司	网　　址：http://www.ipph.cn
社　　址：北京市海淀区气象路 50 号院	邮　　编：100081
责编电话：010-82000860 转 8382	责编邮箱：luanxiaohang@cnipr.com
发行电话：010-82000860 转 8101/8102	发行传真：010-82000893/82005070/82000270
印　　刷：北京九州迅驰传媒文化有限公司	经　　销：各大网上书店、新华书店及相关专业书店
开　　本：720mm×1000mm　1/16	印　　张：11
版　　次：2020 年 12 月第 1 版	印　　次：2020 年 12 月第 1 次印刷
字　　数：165 千字	定　　价：56.00 元
ISBN 978-7-5130-7314-1	

出版权专有　侵权必究
如有印装质量问题，本社负责调换。

本书是教育部人文社会科学一般项目"健全地方重大决策社会稳定风险评估机制研究"（13YJA840029）的结项成果。本书的出版得到了南昌大学公共管理学院出版基金、南昌大学江西扶贫发展研究院和南昌大学廉政研究中心的资助，特此表示感谢！

前　言

　　社会稳定风险评估是为了有效控制风险的发生而进行的一项事前预防工作，已成为当前中国地方政府重大决策和重点工程项目立项前的一项制度性安排。然而，作为一项重要制度性安排的社会稳定风险评估，在实践中却存在诸如重形式、轻内容，重程序、轻实质，重结果、轻过程等问题，不仅使社会稳定风险评估陷入有名无实的窘境，而且使潜在的社会稳定风险爆发成为可能，归根结底，其问题在于：我们既缺乏有关社会稳定风险评估的学理认识，又对其过程机制了解不足，从而影响到社会稳定风险评估的应用价值。

　　社会稳定风险评估的政策起源于如火如荼的群体性事件，其制度创新仍然遵循诱致性的制度变迁的逻辑，通过地方试点，经验积累，再到全国推广的演进路径，有着自己的触发机制，但也反映了在新的历史条件下，国家与社会的关系发生了新的变化，需要通过制度调适来适应这种变化，保持政治生态的总体平衡。从国家政策供给方面来看，通过多重方式吸引公民的参与是政策导向，但限于不同的主体，其获取信息的渠道、方式有差异，从而在他们互动中始终处在不平衡格局中，其权威、话语合法性也存有差异。

　　从经验来看，社会稳定风险评估的一般程序遵循风险调查、风险识别、风险分析、风险估计和风险防范等环节。其中，风险调查是基础，风险识别、分析和估计是核心，风险防范是关键。通过研究发现：在社会稳定风险评估的各个环节中，风险调查容易流于形式，风险识别和分析缺乏科学性，风险防范措施可操作性不强，评估的程序基本能够到位，但因公民参与度不足，公共权力僭越边界常有发生，所以并不能从根本上解决国家与民众关系的不和谐问题。当然，风险评估的目的是最大限度降低社会稳定风险的发生，或者说，把有可能导致社会稳定风险的因素做一些梳理和排查，做好防范。风险评估很难做到杜绝风险的出现，因此，社会稳定风险评估就是把风险确定在可控的范围之内。

从理论上看，社会稳定风险评估受多重因素影响，比如，社会稳定风险评估中的问题，与各主体获取信息的能力不同，与它们之间不均衡的权力有关。社会稳定风险评估的过程涉及多个权力主体的博弈，交织着权力与规则的相互渗透、互相嵌入。因此，权力与规则成为社会稳定风险评估的双重驱动力，正是权力与规则的相互作用，推动着评估向前迈进，而权力与规则的相互作用程度又影响着社会稳定风险评估的结果。当然，社会稳定风险评估的过程实际上就是国家与社会互动的过程，折射出两种力量的相互碰撞、冲突、消解和融合，其中隐藏着国家与社会的关系。

从这个意义上看，健全地方重大决策的社会稳定风险评估，首先，需要简化评估流程，自觉约束公共权力的边界，通过利益分享和社会整合来夯实社会和谐的基础；其次，努力改变各主体间信息不对称的局面，通过制度创新为参与主体赋权，吸纳更多的参与主体参与社会稳定风险评估的全过程；最后，转变政府职能，通过提高公共服务水平来改善国家与社会的关系。

笔者曾从事多年的信访研究，因信访（主要是上访）而引发的社会稳定风险问题是困扰地方政府的治理性难题。诱发信访的因素很多，其中，因一些重点工程项目上马导致群众利益受损，进而导致群众信访是重要诱因之一，因此，国家为了遏制这种现象，要求这些项目在实施前，必须进行社会稳定风险评估。可见，社会稳定风险与信访存在一定的关联，而社会稳定风险评估被纳入笔者的研究视野，也正是缘于信访研究。

值得高兴的是：2013年，笔者以"健全地方重大决策社会稳定风险评估机制研究"为题，申请了教育部人文社会科学的一般项目，并成功获批，才使研究有条件得以推进。从 2011 年开始，笔者就受聘为江西省工程中心社会稳定风险评估专家，多次参与重点项目的社会稳定风险评估，积累了大量的第一手资料，为本研究奠定了基础。2017 年，有幸获得了国家留学基金委的资助，在澳大利亚访学一年，并利用这难得清静的时间完成了本研究。但由于本人能力有限，研究一定存在诸多问题，恳请读者批评指正。

目　录

第一章　绪论 …………………………………………………………… 001
　　第一节　问题缘起与研究问题 / 001
　　第二节　文献综述与研究方法 / 003
　　第三节　社会稳定风险评估的分析框架 / 011
　　第四节　基本概念与内容架构 / 018

第二章　社会稳定风险评估的政策形成：历史演进与内在逻辑 ……… 021
　　第一节　社会稳定风险评估政策的历史演进 / 021
　　第二节　社会稳定风险评估政策生成的逻辑 / 026
　　第三节　社会稳定风险评估的政策文本与结构 / 033
　　小　结 / 041

第三章　社会稳定风险评估的过程：评估程序与运行机制 …………… 043
　　第一节　社会稳定风险调查 / 043
　　第二节　社会稳定风险的识别 / 055
　　第三节　社会稳定风险分析 / 073
　　第四节　社会稳定风险的防范措施 / 086

第四章　社会稳定风险评估中的权力与规则 …………………………… 094
　　第一节　社会稳定风险评估中的权力主体 / 094

第二节　以信息为基础的权力获取 / 102

　　第三节　主体间的权力关系与博弈 / 118

　　第四节　组织中的权力与规则 / 126

第五章　研究结论与政策建议 ……………………………… 137

　　第一节　研究结论 / 137

　　第二节　政策建议 / 139

参考文献 ………………………………………………………… 146

附录1　国家发展改革委重大固定资产投资项目社会稳定风险评估暂行办法 …………………………………………… 149

附录2　江西省发展改革委重大固定资产投资项目社会稳定风险评估暂行办法 …………………………………………… 151

附录3　N市赣江新区全体居民致全国各大媒体的一份求助信 ……… 158

附录4　地方领导留言板 ………………………………………… 163

第一章 绪 论

第一节 问题缘起与研究问题

自进入 21 世纪,社会稳定问题成了中国改革发展过程中最受关注的问题之一,不仅是因为社会稳定影响中国的发展进程,而且它有可能造成合法性资源的流失,因而,如何保持社会稳定成为各界关注的问题,而有关社会稳定风险的评估自然而然被纳入学界的视野,政府则把社会稳定风险评估作为避免风险事件发生的重要方法,因而,社会稳定风险评估的研究问题开始引起学界的关注。

那么,当前中国的社会稳定问题主要有哪些?或者说,主要有哪些因素容易引发社会稳定问题?

根据笔者的研究发现,引发中国社会稳定问题的主要因素包括:一是因公共权力运行超出了法定的边界,导致与民争利的行为的出现,让群众利益受损,进而引发群众的群体性抗争,比如,征地、房屋征收而导致的群体性事件;❶ 二是因政府的不作为,导致群众利益受损,进而要求政府

---

❶ 比如,根据笔者对 J 省的研究,从 2010 年到 2018 年,因土地征收、房屋拆迁而导致的群体性事件的比例占到两成。

作为，保护群众利益的群体性行为，比如，比较普遍的金融集资诈骗、金融传销等；❶ 三是一些重大的工程项目上马，导致群众的利益受损，继而引发的群体性事件，从而带来的社会稳定问题；❷ 四是因历史的原因，或体制的转型，使得一些群体的利益产生相对被剥夺感，进而形成抗争性的聚集行为。❸ 当然，在这些因素当中，最为常见的、最容易引发群体性抗争的当属一些工程项目。

或许正因为如此，国家发展和改革委员会要求各地，在涉及一些重大工程项目决策时必须进行社会稳定风险评估，并以此作为项目立项的前置性的条件，其目的就是通过社会稳定风险评估，以最大限度地降低风险发生的概率，做好必要的预案。尽管没有大样本数据来证明社会稳定风险评估与社会稳定风险的发生概率有相关关系，但从小样本的研究中发现，提高社会稳定风险评估的水平对降低社会稳定风险发生的概率有明显的效果，而在理论和逻辑上也是站得住脚的。❶ 因此，如何来提高社会稳定评估的水平，对于降低社会稳定风险事件的发生，具有十分重要的意义。

基于此，本研究试图探讨的问题是：社会稳定风险评估的政策是如何演变的？其过程机制如何？其中蕴含了何种逻辑？在既有的制度框架下，如何进一步健全地方重大决策的社会稳定风险评估？

---

❶ 比如，2018 年 8 月 6 日，因 P2P 项目的金融诈骗案，导致群众集体赴北京上访，要求政府加强金融监管，赔偿损失。

❷ 比如，各地出现的垃圾焚烧厂项目、PX 项目等，群众担心环境问题而导致的群体性抗争行为。

❸ 比如，近期多处出现的退伍老兵的集体上访行为。2017 年 5 月，在长沙，退伍军人要求当地政府落实军转志愿兵的政策；2018 年 8 月 1 日，退伍军人聚集北京进行维权。

❶ 尹利民，等. 利益分享与社会整合：社会稳定风险的防范——以 P 核电项目移民安置为例 [J]. 南昌大学学报（人文社会科学版），2014（3）：44-49.

/ 第一章 绪论 /

第二节 文献综述与研究方法

一、文献综述

当然,人类的风险是无处不在的,正如德国社会学家贝克所说:"我们已经进入了风险社会。"[1] 问题在于人们对于风险的可接受性,也就是说,风险在很大程度上是可以被控制的,从而有可能被人们所接受,"如果某一事物所附带的风险是可接受的,那么这一事物就是安全的"[2]。可见,风险是不可避免的,关键是在风险面前,我们能够做什么?只要风险能够被人们所控制,我们还是能够接受的。因此,问题的重心实际上就转移到了如何来控制风险,使之能够在人们可接受的范围之内。风险的种类繁多,领域分布也广。有自然风险,是非人为的因素造成的。这种风险是人们难以控制的,是自然的演变所带来的,比如自然灾害等。也有社会风险,是由人类的干预而带来的,比如经济领域的风险、社会层面的风险等。由于这类风险是因为人类的活动而引起的,因此,如何控制人类的活动边界,成为控制风险的主要切入点。显然,不同类别的风险存在重大的差异,因而,风险的管理方法应该是多元的。进一步说,自然层面的风险与社会层面的风险是不一样的,其管理方法也是有差异的,而相对于前者,后者因常常植入伦理和政治问题以及价值观而变得更为复杂。或许正因为如此,社会层面的风险问题,吸引了多个学科介入和关注,成为社会

---

[1] 贝克. 风险社会 [M]. 南京:译林出版社,2001.
[2] Lowrance W. Of Acceptable Risk: Science and the Determination of Safety [J]. Jouranl of the American Statal Association, 1976, 123 (11): 180.

科学界的显学。

学界关于风险的研究，大致分为两部分：一部分是把风险作为一门学科，它是伴随着工业化、城市化等所带来的诸如环境污染问题、新型工业疾病和自然灾害而出现的，因而，围绕"风险的产生""如何认识风险""风险的意义"等议题展开，并以风险与不确定性当作研究的核心问题，以此形成了"风险学"；另一部分是以风险理论为基础，结合当今世界发生的一些风险问题进行研究，试图寻找控制风险的良方。前者偏重理论，而后者则突出应用。由于本研究集中关注社会稳定风险的相关议题，因此，本书集中梳理有关社会稳定风险的相关文献。

风险总是与人类社会的发展相伴而生，[1] 因为风险与不确定性相关，而人类的不确定性总是无止境的，技术的发展解决了某些领域的不确定性问题，但却又会出现新的不确定性问题，因此，人类总是在解决了一定的风险问题后，却又面临新的风险。因此，有关风险的研究也与此相关。

社会学家在关注风险问题时普遍遵循的是从社会制度结构到个体层面的路径，但不同的学者的偏好有所差异，道格拉斯和维尔达夫斯基从社会文化变迁的角度去研究社会风险问题，而德国社会学家贝克则采取风险社会和自反性现代化的路径去解释风险的形成。贝克的《风险社会》对此领域的理论影响很大，其后的几部著作也都与风险有关。贝克的社会风险理论主要集中在风险与现代化之间的关联性的讨论，认为风险意识的提高，社会和个人对风险的反应，可以用现代社会变迁大框架下的风险社会理论来解释，风险的逻辑逐渐取代了社会阶层逻辑。贝克的风险理论主要从制度层面去探讨，把制度的个人化解释为在个人层面可能成功、可能失败的过程，而过于忽视社会群体的差异。[2] 英国社会学家吉登斯则更关注自反性现代化在个人层面的运作，认为管理文明的风险既是当务之急，也是个

---

[1] Garnsey P. Famine and Food Supply in the Graeco-Roman World: Responses to Risk and Crisis [M]. Cambridge: Cambridge University Press, 1988.

[2] Mythen G. Employment, Individualization and Insecurity: Rethinking the Risk Society Perspective. The Sociological Review, 2005, 53 (1): 129-149.

人的事情。❶ 在现代社会，个体、工作、婚姻、家庭和社区都倾向于打破传统的秩序，个人化被扩大了，进而产生了更多的焦虑和不确定性。风险社会与自反性现代化认为，风险与不确定性方面的根本性社会变化是风险发生质变以及社会转型的结果。❷

除了社会学家关注风险问题，心理学家也不甘寂寞，他们提出了"心理测量范式"，宣传通过它能够获知公众的风险偏好，确认风险感知的稳定因素，从而制定风险政策。这一方法认为，"个体对风险的界定是主观的，他可能受心理、社会、制度和文化等多种因素的影响……其中很多因素及其相互关系可以通过量化和模型的方式来解释个体及其社会对面前危害的反应"。❸ 此外，有学者认为，风险感知与风险评估有一定程度的关联，人们认为发生概率低但后果严重的风险，比发生概率高但后果不严重或不太严重的风险具有更大的威胁性。❹ 当然，还有的研究揭示出了心态结构的复杂性，风险感知具有国家和地区差异，而且社会分层也影响风险的感知方式。❺

总之，风险的研究从 20 世纪 60 年代就开始进入人们的视野，在风险感知、风险沟通、不确定性决策到风险与平等、风险社会以及综合风险治理等领域，各个学科从不同的视角进行探讨，有宏观的理论研究、中观的机制和微观的案例研究，研究的议题也相对广泛，犯罪与风险，健康与风险，环境、技术与风险，以及日常生活与风险，等等，都引起了学者们的兴趣，研究方法呈现出多元的特性，社会学、心理学和管理学等常用的方

---

❶ Giddens. The Third Way: The Renewal of Social Democracy [M]. Malden, Mass: Polity Press, 1999.

❷ 彼得·泰勒-顾柏，詹斯·O. 金. 社会科学中的风险研究 [M]. 黄觉, 译. 北京：中国劳动社会保障出版社, 2010：36.

❸ Slovic P. Smoking: Risk, Perception, and Policy. Thousand Oaks, CA: Sage. 转引自彼得·泰勒-顾柏，詹斯·O. 金. 社会科学中的风险研究 [M]. 黄觉, 译. 北京：中国劳动社会保障出版社, 2010：25.

❹ Rohrmann, B. and Renn, O. "*Risk Perception Research: An Introduction*", S. 11-53, in O. Renn and B. Rohrmann (eds.), *Corss-Cultural Risk Perception. A Survery of Empirical Studies*. Dordrecht; Boston; London; Kluwer.

❺ 彼得·泰勒-顾柏，詹斯·O. 金. 社会科学中的风险研究 [M]. 黄觉, 译. 北京：中国劳动社会保障出版社, 2010：25.

法均被用于风险的研究。

与世界一样,中国在进入现代化的过程中也经历了多重风险,既有自然灾害的风险,比如,四川汶川地震,2008年南方各省的雪灾,等等;也有非自然的灾害,比如三鹿奶粉事件,婴儿疫苗事件。尽管中国在风险控制方面有一定的制度优势,但面对新兴市场社会和越发凸显的个人化以及个人的日常生活造成的风险和不确定性,政府仍然难以面面俱到,因而,如何控制社会稳定风险,成为中国学者的重大历史责任,以此为议题的研究充斥着学术界。

中国学者有关社会稳定风险评估的研究起源于中国稳定性事件如火如荼的出现,国家制度上强化重大工程项目的社会稳定风险评估的约束,进一步催化了学者们对这一议题的关注,以便于为地方政府改进工作方式提供可操作性的建议。因此,中国学者的研究更多地集中在如何使社会稳定风险评估更有效、方法和技术更科学等方面,但大体可以分为三部分:

一是有关社会稳定风险评估的制度研究。这方面的研究以同济大学朱德米教授为主导者,认为重大决策事项的社会稳定风险评估已经是中国国家治理的重要方式,需要从制度层面来加以引导和规范,并从风险源、决策过程、风险治理、风险测量等与制度安排的关系来揭示制度安排的发展与理论化的方向。❶ 当然,把社会稳定风险评估当作一项制度性安排,其目的是使其程序化、规范化和法治化,从而确保评估的结果的科学性,进而能够为地方政府的决策提供智力支持。构建制度是为了更好地指导实践,框定其行动的边界,制度解决的是应该怎么样的问题,但实践却常常呈现的是实际怎么样的问题,因此,做好制度研究显然离不开对实践的把握。为此,同济大学朱德米教授团队在国家重大项目的资助下,比较细致地研究了风险的社会理论图景、❷ 风险的源头、❸ 风险的发生❹以及评估需

---

❶ 朱德米. 重大决策事项的社会稳定风险评估研究 [M]. 北京:科学出版社,2016.
❷ 朱德米. 社会稳定风险评估的社会理论图景 [J]. 南京社会科学,2014 (4):58-66.
❸ 朱德米. 决策与风险源:社会稳定源头治理之关键 [J]. 公共管理学报,2015 (1):137-144.
❹ 朱德米. 政策缝隙、风险源与社会稳定风险评估 [J]. 经济社会体制比较,2012 (2):170-177.

要引入的要素。❶ 应该说，在国内学界，朱德米教授团队的研究比较系统，以制度安排为基本单位，对社会稳定风险评估涉及的要素，包括与之相关的变量进行了分析，这不仅丰富了制度研究的内涵，而且充实了制度研究的内容，提升了研究的应用价值。

当然，社会稳定风险评估只是中国国家治理的一部分，其制度安排与整个国家的制度环境是一致的，因此，对社会稳定风险评估制度的理解只有放到国家的政治结构的框架下才更清晰，就制度来谈制度，只会陷入制度陷阱而难以自拔，最终可能会迷失方向。从这个意义上讲，朱德米教授团队的研究仍然有深化的空间，当然也是本研究努力的方向。

二是有关社会稳定风险评估的流程研究，这部分研究主要集中研究：社会稳定风险评估的流程是什么？是如何展开的？这些研究基本上参照国家发展和改革委员会对社会稳定风险评估发布的几个指导性文件展开，并结合案例进行阐释。比如，宋蕊等对重大投资项目的社会稳定风险评估研究，❷ 就是结合当前许多地方部门实际操作的社会稳定风险评估流程，选取了水利、高速公路、机场、铁矿等几个领域进行研究的。又如，薛新东的社会稳定风险评估研究，❸ 该研究主要探寻了社会稳定评估的机制，重点分析了非常态和常态下的社会稳定风险评估方法。还有顾严等的研究，基本上也是围绕如何展开评估和如何优化流程而展开的，继而使得评估更为科学，结论更可靠。❹ 这一部分的研究同质性较高，大多围绕评估的过程和机制展开，在研究方法上多采取案例研究法，理论的贡献一般，但研究结果比较丰富，大多数案例的来源都是作者收集的第一手资料，案例详细、过程全面，比较全景式地展现了一些领域的社会稳定风险评估的实际情况，从而为分析奠定了重要的基础。

三是社会稳定评估的问题研究。相对而言，这一部分的研究比较零散，议题相对分散，主要针对在社会稳定风险评估过程中出现的一些问题

---

❶ 朱德米. 开发社会稳定风险评估的民主功能 [J]. 探索，2012（4）：57-62.
❷ 宋蕊. 重大投资项目社会稳定风险评估研究与实践 [M]. 北京：中国电力出版社，2017.
❸ 薛新东. 社会稳定风险评估研究 [M]. 北京：中国社会出版社，2016.
❹ 顾严，张本波. 重大决策社会稳定风险评估研究 [M]. 北京：人民出版社，2018.

而展开分析,进而提出改进建议。因此,应景式的对策研究比较多。在这些研究中,西安交通大学朱正威教授团队围绕评估模式、❶ 评估的实践框架与着力点、❷ 法治化建设等议题❸展开了研究。

有学者认为多元主体评估模式是今后社会稳定风险评估发展的方向,应该把政府、利益相关者、第三方等统统纳入评估的主体中来,它对增强社会稳定风险评估主体的独立性、实现社会稳定风险评估过程的民主化、提高社会稳定风险评估结果的科学性具有重大意义。❹ 又如有学者从法学的角度,以国有土地征收为例,探讨了社会稳定风险评估的程序功能和司法判断,认为当前中国的社会稳定风险评估在程序上容易陷入政治与司法之间,从而增加了评估结果的不确定性,❺ 提出应该加强法治建设,把社会稳定风险评估纳入法治的轨道,使社会稳定风险评估做到有法可依。

从经验来看,社会稳定风险评估的公众参与度问题与评估结果的可接受性密切相关,而公众参与度历来是公共政策过程中普遍存在的问题,因此,也有学者关注社会稳定风险评估过程中的普遍民众的参与,❻ 从行为态度、主观规范、自我效能感等因素来测量它们是如何影响参与者的参与行为的。❼ 其实,影响参与者的参与行为有一个很重要的外部环境,那就是在评估过程中,在多大程度上能够为参与者,尤其是利益相关者的充分参与提供制度保障?在这一前提下,再来研究到底是哪些因素影响了参与者的参与行为或许更有意义。除此之外,还有一些研究,比如,有涉及社

---

❶ 肖群鹰,朱正威,刘慧君.重大工程项目社会稳定风险的非干预在线评估模式研究[J].公共行政评论,2016(1):86-109,184.

❷ 刘泽照,朱正威.中国社会稳定风险评估实践框架及关键着力点[J].西南大学学报(社会科学版),2014(5):50-57,182.

❸ 黄杰,朱正威,吴佳.重大决策社会稳定风险评估法治化建设研究论纲——基于政策文件和地方实践的探讨[J].中国行政管理,2016(7):101-106.

❹ 张玉磊.多元主体评估模式:重大决策社会稳定风险评估机制的发展方向[J].上海大学学报(社会科学版),2014(6):124-132.

❺ 卢超."社会稳定风险评估"的程序功能与司法判断——以国有土地征收实践为例[J].浙江学刊,2017(1):175-183.

❻ 张玉磊.重大事项社会稳定风险评估中的第三方参与:意义、困境与对策[J].内蒙古社会科学(汉文版),2014(1):167-172.

❼ 朱正威,李文君,赵欣欣.社会稳定风险评估公众参与意愿影响因素研究[J].西安交通大学学报(社会科学版),2014(2):49-55.

会稳定风险评估的主题、内容和方法,❶ 评估的分析框架构建,❷ 评估的过程与指标,❸ 等等。

可见,国内有关社会稳定风险评估主要以同济大学朱德米教授团队、西安交通大学朱正威教授团队以及北京航空航天大学胡象明教授、南京大学童星教授为代表,再夹杂一些其他学者的研究。研究的焦点主要集中在评估制度、评估过程机制、评估模式以及评估中的主要问题等几个方面,在研究方法上主要采取的是定性与定量的方法。这些研究,对我们强化对当前中国的社会稳定风险评估的认识,拓展我们的研究视野,提升我们的研究水平具有重要价值。当然,既有研究也存在一些缺陷,主要表现为:

一是制度研究相对薄弱,与其他制度的关联性问题还有深化的空间。我们需要什么样的制度?它与我国整个国家的制度体系是什么关系?这些方面都可进一步深化。如前所示,当前有关社会稳定风险评估的制度研究,仍然相对薄弱,正如有学者所指出的,"科学认知尚不到位,行政干预行为突出,模糊环境下负面效应凸显,考核问责能量释放受限等"。❶

我们知道,制度是行动的指南,是确保实践能够在框架下行动的保障,也是确定性结果的前提。制度研究的薄弱,反映了我们仍然把焦点放在具体的事件上,虽然可能就某一个事件具有比较明显的效果,但从整体来看,难以形成一个可持续的过程。因此,需要提高制度安排科学水平,用以指导实践。从这个意义上看,社会稳定风险评估的制度研究还需要进一步深化。

二是评估的过程机制研究比较丰富,但评估过程运行的机理与内在逻辑探讨明显不足。有比较多的文献研究了评估是如何推进的,并通过比较

---

❶ 麻宝斌,杜平. 重大决策社会稳定风险评估的主题、内容与方法 [J]. 哈尔滨工业大学学报 (社会科学版),2014 (1):4,35-40.
❷ 胡象明,王锋. 一个新的社会稳定风险评估分析框架:风险感知的视角 [J]. 中国行政管理,2014 (4):102-108.
❸ 张乐,童星. 社会稳定风险评估之评估:过程与效果的综合指标 [J]. 南京大学学报 (哲学·人文科学·社会科学),2016 (5):49-57.
❹ 刘泽照,朱正威. 掣肘与矫正:中国社会稳定风险评估制度十年发展省思 [J]. 政治学研究,2015 (4):118-128.

详细的案例资料来呈现这种过程化的场景，为我们对社会稳定风险评估的认识奠定了基础，但内在机理探讨的不足，可能导致我们知其然，而不知其所以然，对评估与结果之间的因果关系的认识达不到应有的高度。因此，在揭示评估的过程机制的同时，应该深入其内部，探讨其内在机理和运行的逻辑，唯此，才有可能更全面而科学地理解社会稳定风险评估。

基于此，本研究将以案例资料为依据，探讨社会稳定风险评估的制度框架的形成以及关键变量之间的逻辑关系，并以此为基础来分析社会稳定风险评估的展开过程，从而探寻社会稳定风险评估的内在机理，寻找评估的方式方法与结果之间的因果关系，为提高社会稳定风险评估的实际效果，降低社会稳定风险发生的概率提供政策建议。

二、研究方法

本研究主要采取案例研究法，通过多个个案的研究分析来揭示问题的本质。其实，多个案研究实际上是一种较为极端的工具性个案研究，研究者旨在研究某个总体或一般情况，对于特定的个案本身则没有什么兴趣。❶案例研究法所固有的缺陷历来被偏好定量研究的学者所诟病，但通过扩展个案以及类型学的方式来弥补案例研究法的缺陷，同样可以达到异曲同工的效果。❷案例研究法的优势之一，是系统展现因果机制和过程。零散多样的独立案例能够有意义，原因在于它们产出的知识，在相关知识体系中具有累进性位置。❸

本研究所使用的多个案例是笔者参与过的，多数案例以"分析报告"的形式呈现，得益于江西省工程研究中心特约社会稳定风险评估专家的身份，有些案例的分析报告笔者曾参与，此外，也参与了一些案例的调研，与编制单位共同完成了分析报告。因此，在某种意义上，本研究所使用的

---

❶ 拉德克利夫-布朗. 社会人类学方法 [M]. 夏建中, 译. 北京: 华夏出版社, 2002: 125.
❷ 卢晖临, 李雪. 如何走出个案——从个案研究到扩展个案研究 [J]. 中国社会科学, 2007 (1): 118-130, 207-208.
❸ 张静. 案例分析的目标: 从故事到知识 [J]. 中国社会科学, 2018 (8): 126-142, 207.

案例资料,都是笔者收集的第一手资料(见表1-1)。

表1-1 本研究使用的案例情况

序号	案例名称	案例来源
1	N市轨道交通2号线南延线工程	实地调研
2	W枢纽二线船闸工程	实地调研
3	N市固废处理循环经济产业园垃圾焚烧发电项目	实地调研

第三节 社会稳定风险评估的分析框架

简要地说,社会稳定风险评估是评估主体采取一定的方法对决策结果进行预评估,对决策结果进行判断,以实现社会矛盾冲突发生的源头防治,缓和社会矛盾和冲突,最大限度降低社会稳定风险发生的概率,从而推动社会有序运转的过程。权力与信息是社会稳定风险评估过程中的两个核心变量,它们对社会稳定风险评估制度的构建及运作具有至关重要的影响。因此,分析权力与信息的关系,对于把握社会稳定风险评估制度的内在机理具有重要意义。

一、社会稳定风险评估中的权力

权力是政治学中最为常见的概念,许多思想大师对它有研究,韦伯把权力描述成"在一种社会关系里哪怕是遇到反对也能贯彻自己意志的任何机会,不管这种机会是建立在什么基础上"[1],它是一种能够控制或影响别

---

[1] 马克斯·韦伯. 经济与社会(上卷)[M]. 林荣远,译. 北京:商务印书馆,1997:81.

人包括个体、群体或组织的潜在的能力。❶ 吉登斯则把权力看作个体"改变"既定事态或事件进程的能力。❷ 因此，一般意义上的权力是指一种影响力或控制力。

从权力的来源看，它源于主体所掌握的资源，有些资源是被授予的，有些资源是通过主体自身的努力或得天独厚的优势而获取的。由于不同的主体，其获取资源和信息的能力有差异，因而其所拥有的权力是不同的。当然，各主体所掌握的资源和信息不仅有量在的差异，也有质上的不同。因此，权力也存在着交换，并在交换中形成合作关系。权力有强制性和非强制性之分，前者依赖强制性的手段和方式来施加影响力或控制力，而后者则是利用权威等资源来实现对别人的影响。而掌握着权力，意味着拥有一定的资源，进而掌握话语的合法性。从这个意义上，主体间的权力始终处在一种不平衡的关系中，有时候需要通过交换才有可能实现他们共同的目标。

就社会稳定风险评估而言，涉及的主体主要包括政府、非政府组织、利益相关者、第三方等。由于它们各自所掌握的资源不一样，因而其拥有的权力不同，在实践中所处的地位也不一样。政府是公共权力的代表，其权力来源于公民的合法性授予，因而政府所拥有的资源是方方面面的，并且它可以借助于某种强力来对对象施加影响力或控制力。非政府组织因掌握舆论资源，而可以借助其中立的立场来对对象施加影响。利益相关者由于与社会稳定事件本身有直接关系，因而在事件的信息方面具有天然的优势，因而它可以借助于丰富的信息和现身说法来施加影响。第三方是为了保证评估的中立和公正，而引入的专业组织，因其拥有知识资源和中立的立场，而可以对对象施加一定的影响力。可见，社会稳定风险评估的主体拥有的权力资源是不一样的，因而它们之间的权力关系是不平衡的，在评估实践中需要通过权力的交换与合作，进行资源交换来推动目标的实现。

然而，尽管各主体间在资源的拥有上具有各自天然的优势，从而形成

---

❶ Hunt S D, Nevin J R. Power in a Channel of Distribution: Sources and Consequences [J]. Journal of Marketing Research, 1974, 11 (2): 186-193.

❷ 吉登斯. 民族-国家与暴力 [M]. 北京：生活·读书·新知三联书店, 1998: 78.

权力的不平衡，但这种权力的不平衡关系是动态的，因为在实践过程中，各个主体会尽可能发挥自己的特长和优势，每个主体都试图通过控制其他主体的不确定性来获取于己有利的权力。❶ 比如，在社会稳定风险评估中，政府总是期望能够把控全局，对其他主体施加控制力，使得事件朝着自己希望的方向发展，而非政府组织同样也希望能够施加自己的影响，利用群众基础优势能够增加话语权。利益相关者不仅在信息的掌握上占有先机，而且还具有法律或道义上的优势，因此，它们也总会设法扩大自己的确定性而限制其他主体的不确定性。而第三方由于需要站在中立的立场，希望利用自身的专业优势来做出使各方都能获得接受的裁决，因而，它们也需要在其他各主体之间做出平衡，并从中获取自己所需要的资源，增加话语权。

可见，社会稳定风险评估中的权力，是各主体间试图通过自己所掌握的资源对别人施加影响力或控制力，由于各主体间所拥有的资源不同，因而其拥有的权力不同，为了实现共同的目标，它们之间需要进行合作与交换，从而形成了一种权力关系，这种权力关系是一种不平衡的关系，但对行动的过程具有一定的影响。

二、社会稳定风险评估中的规则

虽然各主体在评估实践中拥有各自的权力，但它们对权威的拥有、资源的控制和对话语合法性的获取是有差异的，因而它们之间有一种不平衡的关系。然而，为了保持评估的实践过程沿着确定性目标方向发展，确保预期目标的实现，对各主体有一些约束和限制，这些约束和限制，促使行为主体在规定的范围内活动。可见，规则是指一种约束和限制，是对行动主体活动边界的一种限定。虽然规则是对行为主体的一种约束和限制，但却有两面性，即一方面它限定了行为主体的行动边界，框定了可为与不可

---

❶ 埃哈尔·费埃德伯格. 权力与规则：组织行动的动力 [M]. 上海：上海人民出版社，2005：78.

为的范围，另一方面则对行为主体形成了一种保护，因为规则是通过正式的协商同意后形成的或约定俗成的结果。

从类型上来区分，规则有正式与非正式之分。正式规则是一种固定化的均衡与折中，它是各类参与者之间权力均衡与妥协的结果，以一些透明、清晰和可预见的条文作为表现形式。❶ 之所以需要正式规则，一是因为指导主体的行为，因为当一个行为的性质和价值或最终的目的之间缺乏紧密的联系时，就需要设立正式规则来指导个人的决定；二是因为正式的规则对于协调复杂行为而言是一种有效手段，为了节约成本，需要一个正式的规则对经常性的行为进行管理；三是因为实现合理的一致性回应的需要，正式规则在面对不同的委托人时，能够做出一致性的反应。❷ 然而，正式规则也有其短板，具有一定程度的不确定性，从而为非正式规则的产生提供了机会。非正式规则是一种相对灵活的、没有清晰文本、富有弹性的规则。之所以需要非正式规则，一是因为各主体有一定的自由裁量权，进入实践过程的事件千差万别，正式的规则难以适应因不可预测性和偶然性因素导致的特殊情况；二是因为当正式规则存在缺陷时，可以对正式规则实现扩展和调整。❸

当然，社会稳定风险评估实践中的实际规则始终来源于正式规则与非正式规则的相互结合，正式规则根植于权力结构中，也根植于交换和协商谈判的非正式过程中，正式规则的框架给非正式规则提供依据和资源。因此，正是这种"混合的规则"塑造了参与者的行为，它们有时共同构成结合性的力量，有时则构成彼此削弱对方的力量。

既然权力、规则和信息是社会稳定风险评估的三个关键变量，那么，它们之间的内在关联是什么？如何在社会稳定风险评估中发生作用？以下，本书从逻辑上进行进一步梳理，并结合实践来验证。

社会稳定风险评估各参与者的行为，受到其拥有的权力、信息资源的

---

❶ 尹利民，穆冬梅. 权力与规则：集体行动的组织学分析框架 [J]. 江西社会科学，2015 (10)：201-206.

❷ 安东尼·唐斯. 官僚制内幕 [M]. 郭小聪，译. 北京：中国人民大学出版社，2006：64.

❸ 安东尼·唐斯. 官僚制内幕 [M]. 郭小聪，译. 北京：中国人民大学出版社，2006：69.

影响，同时又受到规则的制约，这三个关键变量看似是三个独立的个体，但却相互影响，相互牵制，而背后又隐藏着国家与社会的关系。因此，从理论上厘清这三者的关系，对于如何提高评估的效果具有重要的现实意义。

三、共同作用于权力与规则的信息

在社会稳定风险评估中，参与者的权力关系是不平衡的，这种不平衡表现在不同的参与者所具有的控制力或影响力方面，也表现在所具有的权威、信息资源的拥有以及话语合法性等方面。这样，参与者拥有的权力的大小，与其能够在多大程度上控制资源的多少有关，与其是否具有权威性也有关。显然，参与者控制的资源越多，意味着他拥有的权力就越大，而权力越大，越容易获取资源，进而进一步巩固其权力地位。

从逻辑上分析，权力是参与者对他者施加的一种影响力或控制力。显然，这种影响力或控制力需要通过参与者手中所拥有的资源才可以实现，控制的资源越多，意味着对他者施加影响或控制的手段和方式越多样，从而效果也越明显。参与者各方总是会设法控制更多的资源，以便在与其他参与者的交往中占据有利地位，在权力关系中赢得先机，从而掌握更多的话语合法性。然而，控制资源的手段和方式，受制于规则。正式规则约定了参与者的行动方式和边界，参与者只有在限制的范围内活动，才可能得到他者的认同，获得合法性，进而获得权威。非正式规则影响着参与者的行为，非正式规则中约定俗成的习惯、嵌入在人际关系中的情感等往往会形成强大的舆论压力，从而引导着参与者行为的方式和方向。因此，规则在某种意义上限制着权力的运行，而权力只有在遵守规则的前提下，才可以发挥它的影响力或控制力。

信息是一种资源，与权力和规则不可分离。从某种意义上说，参与者所拥有的权力不平衡实际上是由各自占有信息资源的不平衡造成的，而规则的形成在很大程度上也与信息有直接或间接的关系。因此，参与者总是会通过各种途径获取更多的信息，以尽可能减少信息不对称的局面，增加话语合法性，同时，树立自己的权威。

由于参与者自身的属性以及所处的位置不同，因而获取信息的渠道和性质有差异，从而在行动过程中的地位也有不同。比如，作为参与者的政府，因为它是公共权力的合法授予，它的信息往往来源于自上而下的传递，并拥有对一些信息的垄断权，因而，政府在行动中总是占据着有利的地位，与政府相比，利益相关者在某些信息方面不占有优势，但由于是当事人，因而掌握着可能与事件演变至关重要的诉求信息。因此，从某种意义上讲，参与者的合作与交换，就是一种信息的交换，从一个信息不对称至一个信息对称的过程。当然，为了在行动过程中，尽可能地拥有权威，掌握话语合法性权力，总会有选择性地释放一些对自己有利的信息，而隐藏对自己不利的信息。

同样，社会稳定风险评估中的信息也有正式的与非正式的之分，正式的信息就是通过正当的渠道发布的政策，是正式组织的意图相关的消息，因而它是公开透明的、被广大民众所知晓的，其传播渠道是官方的；而非正式的信息是涉及或许比较敏感，或许带有不确定内容，但又表明组织意图的一些消息，它通过非正式的渠道传播，因而，其传播的渠道是非官方的。

四、权力与规则的逻辑关系

在社会稳定风险评估的实践中，参与者之间的权力关系的不平衡影响着规则的建立，参与者拥有越多的信息，则在规则的建立过程中越拥有话语权，从而越能够主导规则的建立。反之，基于信息公开而建立的规则有利于权力关系的管理，从而规制着权力的良性运行。

命题一：在社会稳定风险评估中，权力与规则分享共同的来源，包括对信息的掌握，权威的拥有，话语的合法性。

其中，在社会稳定风险评估中，参与者占有的信息越多，越能增加对权力的获取，也越能增加对权威和话语合法性的获取；参与者越遵守规则，越能增加对权威和话语合法性的获取，同时，也越能获取更多的信息。

权力与规则的关系受制于信息,信息不仅影响权力类型,也影响规则的种类。权力与规则的关系很大程度上取决于信息在参与者之间是否对称分布。参与者之间信息分布不对称程度越高,越容易使用强制性权力和非正式规则来建立彼此之间的关系。反之,参与者之间信息分布越对称,越容易使用非强制性权力和正式规则建立彼此之间的关系。

命题二:在社会稳定风险评估中,国家与社会的平衡关系取决于相互占有信息资源的多少,包括对权力的控制和监督。

其中,在社会稳定风险评估中,国家占有的信息越多,越倾向凌驾于社会之上,欲图控制社会,越容易使用强制性权力与社会发生关系。反之,国家占有的信息越少,越容易与社会达成平衡,社会越容易有力量来控制国家。

这样,以信息为中心,构筑了权力与规则、国家与社会的关系网络,因而,在社会稳定风险评估的实践中,最大限度获取信息资源成为关键环节(见图1-1)。

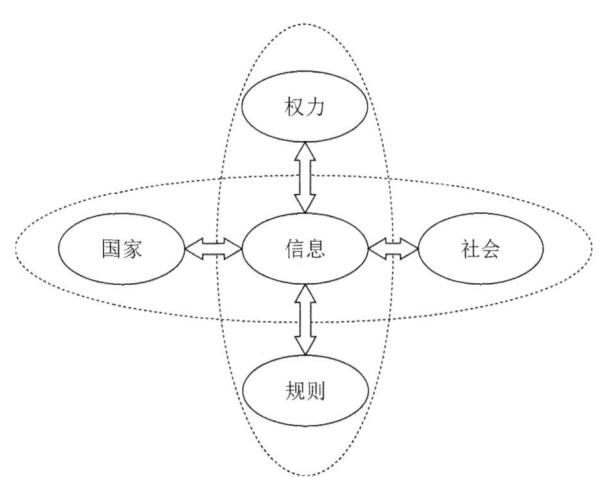

图1-1 权力与规则的逻辑关系

第四节 基本概念与内容架构

一、基本概念

社会稳定风险评估是指在重大政策决策、重点工程和项目实施之前,通过多主体的介入,运用科学方法对可能涉及的社会稳定风险因素进行调查、识别、分析和防范的全过程。社会稳定风险评估的目的是防止社会稳定风险问题的发生,做好事前的预防,因而,社会稳定风险评估的核心是要找准风险源,清楚导致这些问题的源头是人为的,还是自然的,并通过制度创新和政策调整来最大限度地控制人为因素的影响,限制自然因素的波及范围,从而实现预防社会稳定风险的发生。

社会稳定风险评估的目标是实现满意的最大化,而非最优化。按照西蒙的理论,人的理性是有限的,完全的合理性是难以做到的,在管理中不可能按照最优化准则来进行决策。因为,首先,未来含有很多的不确定性,信息不完全,人们不可能对未来无所不知;其次,人们不可能拟订出全部方案,这既不现实,有时也是不必要的;最后,即使用了最先进的计算机分析手段,也不可能对各种可能结果形成一个完全而一贯的优先顺序。[1] 同理,社会稳定风险评估,由于受各种条件的限制,因而其目标也是"满意准则",理想的目标是满意的最大化,通过评估,把风险降到最低。

---

[1] 西蒙. 管理行为 [M]. 北京:北京经济学院出版社,1988.

二、内容框架

本研究的主要内容分为五章,以权力与规则、国家与社会为框架,信息为桥梁,架起了各章节的逻辑关系(见图1-2)。

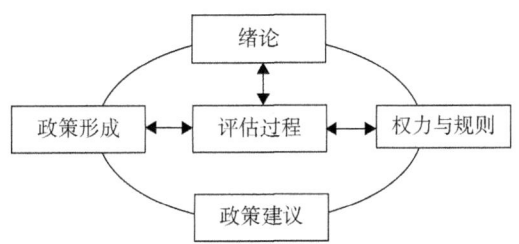

图1-2 本研究的内容结构

第一部分,主要介绍研究背景的缘起与研究的问题,并以此为轴心,梳理国内外相关研究概况,进而寻找本研究的起点,力图在前人研究的基础上,有知识的增量。除此,还构建了本研究的分析框架,构建相互关联的知识谱系,提出内在关联的理论命题。

第二部分,以政策的源头为起点,通过分析政策文本来探寻作为一项公共政策的社会稳定风险评估的逻辑基础,通过评估过程与机制的深度描写,试图阐明社会稳定风险评估过程所暴露出的问题,并以此为基础,分析社会稳定风险评估过程中所蕴含的权力与规则的关系,从理论上揭示社会稳定风险评估所彰显的国家与社会关系。

第三部分,健全地方重大决策的社会稳定风险评估,首先,需要简化评估流程,自觉约束公共权力的边界,通过利益分享和社会整合来夯实社会和谐的基础;其次,努力改变各主体间的信息不对称局面,通过制度创新为参与主体赋权,吸纳更多的参与主体参与社会稳定风险评估的全过程;最后,转变政府职能,通过提高公共服务水平来改善国家与社会的关系。

综上,社会稳定风险评估是为了防止因重大决策、重点工程项目建设等导致社会冲突和矛盾的发生。近年来,学界对社会稳定风险评估的研究如火如荼，但制度研究相对薄弱，对其内在的逻辑和机理探讨明显不足，过程机制的研究也比较缺乏，尤其是结合案例对社会稳定风险评估过程的细致研究比较少。本研究正是以此为研究的出发点，试图通过案例的深描来展现当前中国地方社会稳定风险评估的实态，揭示其内在的机理和逻辑。为了实现预期的目标，本研究构建了一个分析框架，以信息为纽带，将社会稳定风险评估过程中涉及的权力、规则、国家与社会的要素有机勾连起来。

第二章
社会稳定风险评估的政策形成：历史演进与内在逻辑

社会稳定风险评估的过程对评估结果具有至关重要的影响，因此，正如上文所认为的那样，社会稳定风险评估的过程机制研究可以作为一个很好的切入点，但需要回到制度产生的源头以及它的演进过程，才有可能更好地把握其全貌。基于此，本章重点梳理一下社会稳定风险评估形成的背景，政策文本的不断改进，以及制度的最后确立。

第一节 社会稳定风险评估政策的历史演进

中国正处在社会转型期，处在由传统社会向现代化社会转变的关键时期，正如亨廷顿所言："产生政治秩序混乱的原因，不在于缺乏现代性，而在于为实现现代性所进行的努力。"[1] 因而，在转型的过程中，各种矛盾层出不穷，衍生了多种社会稳定风险问题。为了尽可能降低社会稳定风险发生的概率，由此孕育了社会稳定风险评估。

---

[1] 塞缪尔·P. 亨廷顿. 变化社会中的政治秩序[M]. 王冠华，刘为，等译. 沈宗美，校. 北京：生活·读书·新知三联书店，1989：38.

中国的许多制度创新都是从地方开始酝酿的，在经过试点后，逐渐在其他地方出现创新扩散，再上升到国家层面形成制度，再回头向各地推广。中国社会稳定风险评估制度的形成也不例外。

一、政策出现的触发事件

四川省遂宁市地处四川盆地中部，是典型的农业市，人口众多、经济欠发达。因企业改制和征地拆迁而引发的社会矛盾十分集中，群体性事件时有发生。2003年4月28日，遂宁市锦华棉纺厂的1000多名职工因不满企业改制中的一些问题，曾阻断公路、冲击铁路，致使企业被迫停产，该事件震动了全省。遂宁市开始反思社会稳定工作中的思路和方式，探求出一条从疲于奔命的"保稳定"到政府主动"创稳定"的社会和谐之路。2005年年初，针对当时最易引发群体性事件的一些重大建设工程，遂宁市建立了重大工程稳定风险评估制度，四川省率先出台了《重大工程建设项目稳定风险预测评估制度》，明确规定新工程项目未经社会稳定风险评估不得盲目开工，评估发现的社会稳定风险隐患问题，如未得到妥善化解，项目不得擅自开工。2005年9月，遂宁市在总结前期工作经验的基础上，将风险评估机制逐渐应用到关系群众切身利益的各项决策中。2006年2月，遂宁市建立了《重大事项社会稳定风险评估化解制度》，要求在重大政策、重大改革措施和其他事关人民群众切身利益的办法出台之前，均要认真组织开展风险评估，尽可能增强决策的科学性，并避免或减少因决策失误或时机不成熟而给社会稳定带来的冲击。❶ 遂宁市的社会稳定风险评估取得了明显的成效。据统计，2006年，遂宁市群众上访批次和人次，与2005年相比均下降了50%以上。2005年至今，遂宁市共对281件重大事项进行评估，建立评估档案281份，编制评估报告281份，建立重大事项责任部门，设立涉稳信息直报点296个，直报员740人。群众拥护并顺利实施156件，占56%，暂缓实施33件，完善后实施68件，被否决的24件，

---

❶ 马利民. 四川遂宁推行社会稳定风险评估从源头上化解矛盾 [N]. 遂宁日报，2009-8-7 (1).

/ 第二章 社会稳定风险评估的政策形成：历史演进与内在逻辑 /

经评估后实施的重大事项没有发生较大影响稳定问题，化解矛盾纠纷352起，切实从源头上防范和减少了涉稳重大问题的发生。

二、政策的逐步扩散

2006年6月6日，《人民日报》发表了名为《从"保稳定"到"创稳定"：四川遂宁推行社会稳定风险评估》的文章，对遂宁市的做法进行了公开的报道，并引起了中央的注意。❶ 中央要求遂宁市进行经验总结，适时在其他地方试点推广。或许是受到四川遂宁市的影响，2006年，江苏省淮安市开始探索"重大事项社会稳定风险评估"，形成了以"确定评估事项、收集社情民意、汇总分析论证、落实维稳措施、全程跟踪评估"为内容的"五步工作法"。2006年11月，淮安市印发《淮安市重大事项社会稳定风险预测评估化解制度（试行）》等文件，把社会稳定风险评估进一步模式化、程序化和制度化。与遂宁市相比，淮安市的做法更加详细具体，制度化程度更高，因而把社会稳定风险评估制度推向了一个新的高度。2009年10月，在淮安市召开的全省重大事项社会稳定风险评估工作座谈会上，时任江苏省政法委副书记的张新民同志将淮安市的成功经验称为"淮安模式"，要求在全省推广。"淮安模式"的主要经验在于规范了评估的流程，明确了评估的标准和重点，随后，淮安市的经验在江苏省逐步得到了推广。❷

从此，各地方的社会稳定风险评估试点工作如火如荼地展开。从2007年开始，上海市开始探索并建立社会稳定风险评估机制，变"被动维稳"为"主动维稳"。以此为基础，2009年3月，上海市出台了《关于建立重大事项社会稳定风险分析和评估机制的意见（试行）》，在这个规范性文件实施后，上海市委、市政府办公厅，上海市发展和改革委员会等多部门出台了《上海市重大决策社会稳定风险分析和评估实施办法（试行）》

---

❶ 刘裕国. 从"保稳定"到"创稳定"：四川遂宁推行社会稳定风险评估 [N]. 人民日报，2006-6-6（10）.

❷ 张玉磊，徐贵权. 重大事项社会稳定风险评估制度研究——"淮安模式"的经验与启示 [J]. 中国人民公安大学学报（社会科学版），2010（3）：101-105.

《上海市重点建设项目社会稳定风险分析和评估试点办法（试行）》两个操作性文件，将上述"试行意见"进一步细化，从而形成了比较完备的制度体系，呈现出"品"字形的制度框架。❶

三、政策最终形成：由地方试行到中央的确认

各地的试点与取得的成就得到了中央的肯定与重视，为社会稳定风险评估的进一步制度化奠定了基础。

为贯彻落实《中共中央办公厅 国务院办公厅转发〈中央政法委员会、中央维护稳定工作领导小组关于深入推进社会矛盾化解、社会管理创新、公正廉洁执法的意见〉的通知》，2011年1月26日，国家卫生部发布《卫生部关于建立卫生系统重大事项社会稳定风险评估机制的指导意见（试行）》，明确在卫生系统建立和推进重大事项社会稳定风险评估机制的基本要求、评估范围、责任主体、评估内容和工作程序，从源头上预防和减少不稳定因素，保证医药卫生事业科学发展和深化医药卫生体制改革的顺利进行。❷ 这是国家部委对社会稳定风险评估做的一些探索工作。2012年1月，中央办公厅下发了《关于建立健全重大决策社会稳定风险评估机制的指导意见（试行）》（以下简称《意见》），《意见》认为开展社会稳定风险评估对于促进科学决策、民主决策和依法决策具有重要意义，并对于重大工程项目建设，提出应做到应评尽评、全面客观、查访并重、统筹兼顾。《意见》从指导思想和基本要求、评估范围和内容、评估主体和程序、评估结果运用和决策实施跟踪、责任追究、组织领导六个方面做出了规定。《意见》比较系统而全面地约定了社会稳定风险评估的制度化要求，应该是最具权威性的文件之一。❸ 2012年8月16日，国家发展和改革委员

---

❶ 宋宁华. 上海重大事项引入社会稳定风险评估机制 [N]. 新民晚报, 2011-6-29.
❷ 关于建立卫生系统重大事项社会稳定风险评估机制的指导意见（试行）[R]. 卫办发[2011] 2号, http://www.nhfpc.gov.cn/zwgk/wtwj/201304/859af7ddec354b82921048f790f5e5dc.shtml. 2011-1-26.
❸ 中共中央办公厅、国务院办公厅. 关于建立健全重大决策社会稳定风险评估机制的指导意见（试行）[R]. 2012.

第二章 社会稳定风险评估的政策形成：历史演进与内在逻辑

会委发布《国家发展改革委重大固定资产投资项目社会稳定风险评估暂行办法》（发改投资〔2012〕2492号），要求重大的投资项目立项都需要进行社会稳定风险评估，作为立项的前置性条件。这样，作为一项制度性安排的社会稳定风险评估开始上升到国家层面，并成为约束公共权力运行的重要制度。

2012年11月，党的十八大报告中明确提出了要"建立健全重大决策社会稳定风险评估机制"，❶作为加强和创新社会管理的重要举措。2013年11月，党的十八届三中全会做出了《中共中央关于全面深化改革若干重大问题的决定》，并明确提出"创新有效预防和化解社会矛盾体制，健全重大决策社会稳定风险评估机制"，❷2014年10月，党的十八届四中全会通过了《中共中央关于全面推进依法治国若干重大问题的决定》，把"公众参与、专家论证、风险评估、合法性审查、集体讨论决定确定为重大行政决策法定程序"。❸2015年10月，党的十八届五中全会通过了《中共中央关于制定国民经济和社会发展第十三个五年规划的建议》，要求"落实重大决策社会稳定风险评估制度，完善社会矛盾排查预警和调处化解综合机制"。❹

可见，社会稳定风险评估制度的形成是从试点开始，经过不断的实验总结，最后上升到国家层面才完成的，是为了适应不断变化的现实需要。

---

❶ 胡锦涛.坚定不移沿着中国特色社会主义道路前进为全面建成小康社会而奋斗［N］.人民日报，2012-11-8（1）.
❷ 中共中央关于全面深化改革若干重大问题的决定［N］.2013-11-12.
❸ 中共中央关于全面推进依法治国若干重大问题的决定［N］.2014-10-23.
❹ 中国共产党中央委员会.中共中央关于制定国民经济和社会发展第十三个五年规划的建议［M］.北京：人民出版社，2015.

第二节　社会稳定风险评估政策生成的逻辑

制度的发生、形成和确立都在时间流逝中完成，在无数人的历史活动中形成。❶ 正如哈耶克说过："制度是人类行动的产物，是演化的产物。"❷

按照制度变迁的理论，制度可以被视为一种公共产品，它是由个体或组织生产的，称为制度供给。由于个体的能力有限，自然资源稀缺，因而制度的供给是有限的，然而，外界环境却不断发生变化，个体或组织对制度的需求又是无限的，这样，制度供给与需求总是处在一个不平衡的状态中，但制度需要稳定，也即需要制度供给与需求保持大致的平衡，才有可能发挥制度的作用，也正是不断追求其平衡，构成了推动制度变迁的动力。❸ 因此，制度的形成有着自身内在的逻辑。

就社会稳定风险评估制度的形成而言，其遵循了制度形成的规律，是遏制中国社会稳定风险发生的现实对制度供给的要求。

一、政策形成的触发机制

政策之所以产生是因为问题累积到社会的一个部门或若干部门到了需要采取行动的程度。当然，这个问题是公共问题，能够得到政府的回应，形成公共议题，进入政府的过程视野，从而形成"触发机制"。在政治过

---

❶ 苏力. 制度是如何形成的（增订版）[M]. 北京：北京大学出版社，2007：53.

❷ 哈耶克. 个人主义与经济秩序[M]. 贾湛，文跃然，等译. 北京：北京经济学院出版社，1991.

❸ R. H. 科斯，阿尔钦，诺斯. 财产权利与制度变迁：产权学派与新制度学派译文集[M]. 上海：上海人民出版社，1994.

/ 第二章 社会稳定风险评估的政策形成：历史演进与内在逻辑 /

程背景中，一种触发机制就是一个重要的事件（或整个事件），该事件把日常的问题转化为一种共有的、消极的反应。❶ 公众反应反过来成为政策问题的基础，而政策问题又随机形成触发机制。这样，一个或多个事件的频繁出现，产生了公共问题，进而引起了政府的回应并形成公共议题，转化为政治压力，形成政策的触发机制（见图2-1）。

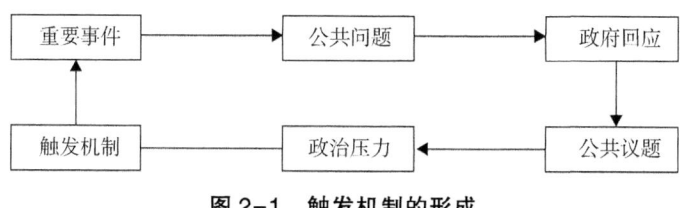

图2-1 触发机制的形成

触发机制形成的要素是多种多样的，但关键的因素主要有范围、强度和触发时间，以下具体来分析：

（一）范围

范围是指受到触发机制影响的人的数量和覆盖的区域。如果一个事件触及的人的数量非常大，影响的区域非常广，那么，它就非常容易形成公共问题，非常容易得到政府的回应，从而形成公共议题，带来一定的政治压力，采取行动也有广泛的社会基础；如果一个事件触及的人数有限，影响的区域也较窄，要想获得政府的回应是比较困难的。比如，土地征收、房屋拆迁，如果这类事件引起了足够多人的反响，并迅速波及周边地区，那么就会得到政府的回应，并成为政策形成的触发机制，即会上升到政策层面，通过政策的约定以避免对更多人群产生影响。

（二）强度

强度是指公众对事件接受的程度。如果一个事件，能够被公众宽容地接受，不会对此类事件过分关注，那么，这类事件就不会引起政府的回

---

❶ 拉雷·N. 格斯顿. 公共政策的制定——程序与原理 [M]. 朱子文，译. 重庆：重庆出版社，2001：23.

应,从而也就难以促成政策的形成。但如果相反,这类事件激发了民众的愤怒和关注,则更容易引起政府的回应。比如,垃圾焚烧厂、PX项目等,被公众接受的程度比较低,也容易导致被关注,因而,这类事件的处理常常被纳入政策的议题。

(三) 时间

时间是指事件发生的时段。触发政策的产生除受事件影响的范围和民众可接受的强度外,还有一个时间的问题,只有等时机成熟了,政策才有可能产生。比如,我们所说的社会稳定风险评估政策的出台,是经过了地方的试点,再逐步扩大到其他地方试行,经过不断的经验总结后,才上升到国家层面,促成了该政策的出台。

范围、强度和触发时间解释了触发机制对政策制定的影响,当然,除外,还有其他的因素也在影响着政策的形成。

二、触发机制的内外因素

触发机制的因素有内外之分,共同作用于触发机制的形成,并推动政策的出现。内部触发机制因素有:经济变化和技术突破。

经济变化对社会和政治会带来显著的影响,而经济变化也会触发政策的形成,成为内部触发机制因素之一。经济的变化主要是指经济体制的改革所波及的社会、政治层面,尤其是社会层面,从而形成政治压力。比如,在从传统计划经济向市场经济过渡的过程中,带来的企业改制行为,而企业改制又引发了工人身份和保障体系的变化,进而推动了社会保障政策的出台,以适应新的历史背景要求。

技术突破也会对社会的变化提供源源不断的动力源泉,历史上,每一次技术的变化,相应地都会给社会带来巨大的变化。比如,新媒体的出现,信息技术的革新,给信息传播带来了革命性的变化,给公众之间的信息交流带来了相应的变化,公众的动员能力也随之加强,给社会管理带来前所未有的压力,传统的管理方式也难以适应新技术带来的变化,因而,需要进行社会管理的创新,相应地政策革新也随之诞生。

外部触发机制因素有:全球化背景和外部的政治环境。全球化的背景推动了国与国之间的交流和往来,文化的相互渗透,推动了制度的相互吸收,从而要求政策做出改变,以适应这种全球化的要求。比如,制定政策过程中的公民参与,这是在全球化背景下形成普遍的共识,因此,政策的决策,把是否有广泛的公民参与作为必要条件之一,也是政策能否获得合法性的重要前提。从这个意义上讲,正是全球化的背景,促成了国家之间在政策目标的趋同性。外部的政治环境也是触发政策制定的外部因素之一。我们知道,很多政策与政治制度有很紧密的关系,有些政策的调整与受到外部的政治环境的变化带来的压力有很大关系。比如,有关社会稳定风险评估的政策,与国际社会对群体性抗争事件的高度关注有关。

总之,触发机制的内外部因素影响着其运行,理解这一点,对于把握政策的制定的逻辑具有重要意义。

三、政策制定的现实需求

(一)变"运动式治理"为"制度化"治理

如前所述,中国社会稳定风险的产生,既有自然因素也有人为的原因,而后者所占比例更大,危害更广。人为的诱因是指在国家治理过程中,政治体系为了某一个短期的目标,人为突破已有制度的限制,从而带来官民之间的利益冲突,进而引发社会稳定风险,而其通常又采取"运动式"的治理方式进行,以此来集中有限资源对某项工作进行高效推行,解决某个领域的突出问题,同时也能达到国家权力的再生产,确保治理秩序的延续。❶ "运动式"的治理确实能够在短期内高效解决问题,但它属于典型的"头痛医头,脚痛医脚"的治理方式,难以从根本上解决问题。

---

❶ 唐皇凤. 常态社会与运动式治理——中国社会治安治理中的"严打"政策研究 [M]. 开放时代, 2007 (3): 115-129.

社会稳定风险很多是人为因素导致的，而其中，公共权力缺乏阳光操作、利益相关者参与度不高、缺乏畅通有效的沟通机制等因素最为普遍，因此，把社会稳定风险评估纳入制度化，就是希望在结果与原因之间建立起更为清晰的联系，以保证对公共权力的有效控制，确保利益相关者的自主参与以及畅通的沟通协调机制。因此，从这个意义上讲，为了有效地降低社会稳定风险发生的概率，需要从源头上去寻找可能导致社会稳定风险的因素，而社会稳定风险评估的主要工作就是寻找这种因果关系。当然，不仅仅停留于此，因为因果关系有时是显而易见的，更重要的是如何去规范权力的运行，程序化、规范化和制度化的操作显得尤为重要，而社会稳定风险评估的制度化就是要通过刚性的制度去更好地约束公共权力的运行，从而确保结果的可控性和目标的可预期性。

正如后文需要进一步展开论证的那样，社会稳定风险评估针对的对象主要涵括重大决策、重点工程、重大项目和重大活动，从过去传统的经验来看，这些内容涉及的群体往往比较多，容易带来利益的损失，因而容易引起矛盾冲突。比如，拿重点工程来讲，它可能涉及土地征收、拆迁，这些容易与相关利益群体产生分歧，而且，由于信息的不对称或操作的不规范不透明，更有可能激化矛盾，从而带来冲突。过去的做法就是重点工程上马后，出现问题后采取措施来处理，而不是事先考虑可能导致问题的因素有哪些，再来预防，显然，事后的处理不仅成本高，效果不好，而且社会稳定风险发生的概率也大。还有一些风险问题是过程中产生的，比如，拆迁款的发放。由于缺乏透明的信息，有些地方政府截留征地拆迁款而导致群众集体维权，继而引发社会稳定风险问题。这就需要通过事先的风险评估，杜绝因这类因素导致的社会风险问题。

（二）变"集权维稳"为"民主决策"

中国现行的制度结构还处在不断完善中，民主与法治尚未达到一定的高度，因而公共权力异常强大，社会力量难以与之抗衡并形成有效的遏制，但维稳的成本是非常高的，不仅需要消耗大量的人力、物力，而且会造成合法性资源的流失，因此，需要有相应的机制来弥补这一缺陷。

/ 第二章 社会稳定风险评估的政策形成：历史演进与内在逻辑 /

如前所述，社会稳定风险的产生，很多与公共权力的无序运行有密切关系，然而，规范公共权力的运行并不是一朝一夕就能做到的，需要有一个良好的宏观制度环境。当前，无论是重大决策还是工程项目，习惯通过集权的方式推进，个人长官意志在其中扮演重要角色，而普通民众，尤其是利益相关者难以进入，而一旦民众表达利益诉求，带来社会稳定风险问题，又通常采取集权维稳的方式来处理，缺乏一个制度化的途径。显然，这种方式给地方治理带来了很大的风险，需要一个制度把民众的利益表达与政府的集权维稳有机地集合起来，需要通过"民主决策"改变两个系统之间的张力。

在某种意义上，社会稳定风险评估制度就是在有限的范围内推行一种"民主决策"，因为按照制度安排的要求，需要对可能带来社会稳定风险的重大决策、项目和活动等进行事先的评估，要求对其合法性、合理性、可行性和可控性进行评估，而在评估过程中，需要充分发扬民主，吸纳相关群体广泛参与，尤其是利益群体的参与，改变信息不对称的局面。如果按照达尔的说法，充分的知情、对议程的控制、有效的参与、平等的投票和充分的包容是民主基本条件，❶ 那么，我们说它是一种有限的"民主决策"，是因为在此过程中的民主性还不够充分，一是能够参与到决策过程中的群体非常有限，普通大众基本被排除在决策之外，甚至民众基本的知情权难以真正得到保障；二是参与的群体的话语权有限，与其他参与者难以形成对等的主体，从而对决策的影响比较有限；三是充分信息释放没有完全做到公开、透明，从而使得各参与主体难以做到真正的自主参与。即便这种方式是有限的，但也需要通过其来实现民主治理的目标，而且也是降低社会稳定风险发生概率最为根本之策。

从"集权维稳"到"民主决策"，反映了制度形成过程中所遭遇的环境的变化，推动这种变化的动力既有来自外部的，也有来自内部的，前者可以称为强制性的制度变迁，后者则称为诱致性的制度变迁。外部的强制性主要表现在社会稳定风险给政治体系施加了足够的压力，迫使其采取措施来调适关系，当然，"集权维稳"属于维稳系统的制度安排，也是一种调

---

❶ 罗伯特·达尔. 论民主 [M]. 李柏光, 译. 北京：商务印书馆，1999：101.

适国家与社会关系的方式，但这种方式依靠的是强制力，国家与社会之间缺乏很好的协商沟通机制，因而这种调适的方式不仅需要支付巨额的政治成本，而且不能从根本上达到调适关系的目的。因此，需要推动这种集权维稳制度的转型，向"民主决策"过渡，通过提升社会的力量来与国家形成平衡，并遏制国家权力的过度扩张，以民主的方式来缓和它们之间的张力。从这个意义上讲，社会稳定风险评估制度是随着内外环境的变化而形成的，这符合制度生成的内在逻辑，制度只有不断适应变化才有生命力。

(三) 变"长官意志"到"法治保障"

在传统的社会治理中，长官意志的痕迹非常明显，比如，我们常见信访治理机制的"领导的批示"，就是一种典型的长官意志的治理方式。这种治理方式是一种非制度化治理，不太注重规范和程序，因而，其治理效果不好，也难以实现可持续性。"领导批示"对解决局部的问题可能有比较直接的效果，因为通过某个责任部门领导的批示，通过长官意志可以更直接地推行，从而便于调动资源集中解决问题，但由于这种方式可能与现行的制度不相符，处理的程序也可能与常规不同，因而对这一类问题的解决不仅不利而且可能会带来效仿效应，从而加剧了国家与社会之间的紧张关系，也有可能带来更严重的后果。根据我们的研究，现行的频发的群体性上访，有些上访事项既不合理，也不合法，但行动者却乐此不疲，一个重要的原因就是希望通过"闹大"❶来营造社会稳定风险即将降临的氛围，希望通过引起领导的注意，进而为了尽快平息事态通过领导介入来解决问题，为自己带来利益。

一般而言，制度化与法治化相伴而生，是一个问题的两个方面，因此，制度的生成离不开法治的保障，当然，从某种意义上讲，法治化的过程也是制度化的过程。社会稳定风险评估需要把法治的精神嵌入于评估过程中，参与者都必须在法律的框架下行动，才能确保行动结果能够被接

---

❶ 韩志明. 利益表达、资源动员与议程设置——对于"闹大"现象的描述性分析 [J]. 公共管理学报，2012 (2)：52-66, 124.

受。社会稳定风险评估的法治化，意味着各个参与者需要遵循现有的法律规定，在法律允许的范围内行动，法律框架框定了行动者的行为，使得各个行为主体的行为是可预期的，从而结果也是可确定的，以此来降低风险发生的概率。

总之，社会稳定风险评估制度遵循了制度生成惯有的逻辑，是为了更好地降低社会稳定风险，缓和国家与社会关系的必然结果。

第三节 社会稳定风险评估的政策文本与结构

制度需要通过政策文本反映出来，为了更好地理解制度的内在逻辑，对政策文本进行比较分析是十分必要的。

一、社会稳定风险评估的相关政策

社会稳定风险评估的政策是随着评估实践的发展而不断丰富和完善的，从政策的内容上来看，基本围绕"谁来评估？""评估什么？""如何评估？"等内容展开。当然，由于各职能部门的业务范围存在差异，因而发布的政策内容和重点也有不同（见表2-1）。

表2-1 国家有关"社会稳定风险评估"的政策

时间	政策发布部门	文件名称	重要表述
2011年	卫生部	《卫生部关于建立卫生系统重大事项社会稳定风险评估机制的指导意见（试行）》	事关广大人民群众健康权益和切实利益的重大决策和重大改革，需要进行社会稳定风险评估

续表

时间	政策发布部门	文件名称	重要表述
2012 年	中共中央办公厅、国务院办公厅	《关于建立健全重大决策社会稳定风险评估机制的指导意见（试行）》	凡是直接关系人民群众切身利益且涉及面广，容易引发社会稳定问题的重大事项
2012 年	国家发展和改革委员会	《国家发展改革委重大固定资产投资项目社会稳定风险评估暂行办法》	项目单位在组织开展重大项目前期工作时，应当对社会稳定风险进行调查分析，征询相关群众意见，查找并列出风险点、风险发生的可能性及影响程度，提出防范和化解风险的方案措施，提出采取相关措施后的社会稳定风险等级建议
2012 年 11 月	中共中央	《党的十八大报告》	执政党首次在其重要政治报告中提出要"建立健全重大决策社会稳定风险评估机制"
2013 年 3 月	国务院	《国务院政府工作报告》	"健全重大决策社会稳定风险评估和突发事件应急管理机制，维护社会公共安全，促进社会和谐稳定"
2013 年 11 月	中共中央	《中共中央关于全面深化改革若干重大问题的决定》	"创新有效预防和化解社会矛盾体制。健全重大决策社会稳定风险评估机制"
2014 年 1 月	中央维稳办	《关于贯彻中办发〔2012〕2 号文件的具体意见》（中稳发〔2014〕1 号）	对"应评尽评、评估主体及其责任、关于确定风险等级、关于考核与督查、关于维稳部门职责"等问题做了进一步的解答和界定
2014 年 10 月	中共中央	《中共中央关于全面推进依法治国若干重大问题的决定》	"把公众参与、专家论证、风险评估、合法性审查、集体讨论决定确定为重大行政决策法定程序"
2015 年	国务院	《政府工作报告》	强调落实重大决策社会稳定风险评估机制

资料来源：黄杰、朱正威：《国家治理视野下的社会稳定风险评估：意义、实践和走向》，《中国行政管理》2015 年第 4 期，第 62-67 页。

可见，有关社会稳定风险评估的政策在多个会议决议中有所提及，但有关评估政策的指导性意见主要是指中共中央办公厅、国务院办公厅发布的《关于建立健全重大决策社会稳定风险评估机制的指导意见(试行)》和国家发展和改革委员会发布的《国家发展改革委重大固定资产投资项目社会稳定风险评估暂行办法》。地方评估制度的形成也主要以这两个文件作为依据。

二、评估政策：中央与地方的比较

评估政策在中央和地方之间是有差异的，显然，中央主要是顶层设计，要使政策体现"决策的一致性"，因而内容上基本是粗线条的，但地方的政策需要落地，要具有可操作性，因而它更具灵活性和具体性。本书以国家发展和改革委员会颁布的《重大固定资产投资项目社会稳定风险评估暂行办法》与江西省发展和改革委员会颁布的《重大固定资产投资项目社会稳定风险评估暂行办法》来比较，以此来进一步分析政策过程在中央与地方的差异以及背后的逻辑。

表2-2 中央与地方政策的比较

项目内容	中央政策导向与内容	地方政策导向与内容
政策目标	促进科学决策、民主决策、依法决策，预防和化解社会矛盾	促进依法决策、民主决策、科学决策，有效预防和化解社会矛盾，切实维护人民群众利益，推动和规范全省重大固定资产投资项目社会稳定风险评估工作
评估主体	项目所在地人民政府或其有关部门指定的评估主体	发展和改革委员会、政法（综治、维稳）、信访、国土、环保等有关部门，有关咨询机构、专家学者，以及涉及的群众代表
评估范围	需要国家审批的重大项目	征地500亩以上的；拆迁50户以上的；发生群体性事件的；等等
评估流程	调查分析，征询意见，查找风险点，提出防范措施，确定风险等级	调查分析，重点查找政策规划和审批程序、征地拆迁补偿、移民安置、生态环境影响、质量安全和工程款支付等潜在风险点，提出防范和化解风险的方案措施，确定社会稳定风险等级建议

续表

项目内容	中央政策导向与内容	地方政策导向与内容
评估方式	公示、问卷调查、实地走访和召开座谈会、听证会等多种方式	社会公示、问卷调查、实地走访和召开座谈会、听证会等方式
评估内容	合法性、合理性、可行性、可控性	项目实施是否符合现行法律、法规、规章和国家、省有关规定；项目实施是否符合国家产业政策和行业准入标准；项目实施是否符合大多数群众利益，是否兼顾群众的现实利益和长远利益，会不会给群众带来过重的经济负担或者为群众的生产生活带来过多不便 项目实施是否与本地经济社会发展水平相适应，建设方案是否考虑了群众的可接受程度、是否得到大多数群众的支持 项目实施是否存在公共安全隐患，会不会引发群体性事件、集体上访，会不会引起社会负面舆论、恶意炒作以及其他影响社会稳定的问题
责任追究	国家发展和改革委员会没有遵照相关规定造成后果的；评估主体不按规定的程序和要求进行评估导致决策失误，或者隐瞒真实情况、弄虚作假，给党、国家和人民利益以及公共财产造成较大或者重大损失等后果的，应当依法依纪追究有关责任人的责任	省发展和改革委员会没有遵照相关规定造成后果的；项目单位和评估主体违反相关规定，不按规定的程序和要求进行分析或评估导致决策失误，或者隐瞒真实情况、弄虚作假，给国家和人民利益以及公共财产造成较大或者重大损失等后果的，应当依法依纪追究有关单位和责任人的责任

从表 2-2 中可知：中央的政策设计比较宏观，但拟定了政策的基本方向；而地方则根据中央政策的基本精神，再结合本地的实际细化。

从政策目标来看，中央和地方都比较具体而明确，就是为了尽可能地避免因人为活动而引发的社会稳定风险问题，都希望通过科学、民主和依法决策来控制社会矛盾的出现。科学、民主的决策是避免人为干预因素的良剂，是尊重社会发展规律的具体体现，依法决策则能保证决策与结果之间的可预期性，从而扩大确定性结果的范围。民主决策还体现在评估主体的多元化方面，基于此，地方政策要求评估主体有主管部门，第三方专家也要求利益相关者参与其中，其目的是希望在政策决策过程中能够吸纳利益相关者的意见和建议，从而减少利益的冲突，降低社会矛盾发生的概率，避免社会稳定风险问题的出现。

从评估的范围来看，中央和地方的要求有一些不同，中央的要求是涉及国家层面的，需要国家部门审批，必须纳入社会稳定风险评估的范围中来，而地方的要求则是涉及地方层面的项目，且在量上做了一些限定，比如征地超过500亩的、拆迁超过50户的项目等均要做社会稳定风险评估，而且要求核准前发生过群体性事件的也必须纳入进来。可见，政策的目的指向非常明确，就是希望通过项目实施前的评估和分析，做好"事前预防"工作。在评估流程和方式方面，中央与地方没有多大的差别，都是要求信息公开，充分听取群众的意见。在评估的内容方面，中央的政策要求是合法性、合理性、可行性和可控性，地方政策的评估内容对这四个方面进行了细化，主要是便于操作。中央和地方都强调了责任追究，对主管部门和实施评估的组织，主要是希望以此来强化评估的权威性。

三、社会稳定风险评估政策结构的内在逻辑

政策结构是指是政策系统要素之间相互关联与相互作用的组织方式，其作为影响政策运行的核心作用机制而主导着公共政策的制定过程。[1] 因而，分析政策结构的内在逻辑和政策系统要素配置，对于我们把握政策的内涵具有重要意义。

如果把政策看作一个系统，那么政策系统要素可分为政策主体、政策客体、政策价值和政策过程四个要素，各个要素相互联系、互相支撑，共同构成政策的系统，进而保证政策能够成为指导实践的基本元素（见图2-2）。政策主体是政策指令的发起者、参与者和影响者。政策主体不仅影响

---

[1] 王婷. 中国政策结构的内在逻辑——以农村社会养老保险政策为例 [J]. 政治学研究，2018（3）：62-71.

政策的运行,而且左右政策的进程和实施。因为在政策过程中,政策主体拥有的资源是有差异的,因而其掌握的权力不同,从而其获取的话语合法性资源和权威也是不同的。

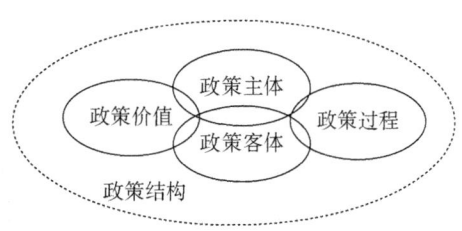

图2-2 政策结构

为了在政策过程中赢得先机,政策主体之间总是会为了权力、信息资源和话语合法性等展开争夺和博弈。政策客体是政策实施的对象,由政策的目标、政策的基本内容、政策实施的手段和方式以及政策作用的主要对象等构成。如果说政策主体是政策指令的发送者,那么,政策客体则是指令的接收者。政策客体与主体之间是互动的关系,政策主体通过价值主张来影响政策客体的指向。无论是政策目标、政策的内容,还是政策实施的手段方式,都与政策主体的价值主张有一定的关联,政策主体的价值取向、利益目标、文化思想等会通过各种方式渗透到政策客体中。当然,由于不同的主体在政策过程中的地位不同,从而对政策客体的影响程度不一样。政策主体作用于政策客体的行动就是政策过程,由于政策过程践行着政策主体在政策制定和实施中的具体行为及约束机制,因而政策过程总是受到政策主体的价值主张、利益诉求等方面的影响。这样,政策结构的要素之间构成了一个完整的系统,共同作用于政策的运行。

(一)社会稳定风险评估的政策主体

社会稳定风险评估的政策主体主要包括地方政府、利益相关者、项目建设者(业主)、非利益相关者、第三方的专业机构等。

显然,就社会稳定风险评估而言,地方政府是最主要的政策主体。由于地方政府在政策决策和执行中拥有巨大优势,因而,其在政策结构中举足轻重。地方政府的作用主要体现在政策的导向框定,主导着政策目标的定位以及政策的实施。政策的目的是什么?需要达到什么目标?地方政府的主导作用非常明显,它们常常会利用其在政策制定过程中的优势把自己的价值主张嵌入其中。本书以《江西省发展改革委重大固定资产投资项目社会稳定风险评估暂行办法》(以下简称《暂行办法》)为例来进一步说明。《暂行办法》的主要出发点首先是为了能够控制因重大决策而导致的社会稳定风险问题,因此,这一主线贯穿《暂行办法》的始终,从总则,到风险分析、评估,再到责任追究,都是为了地方政府的治理。

当然,除了地方政府以外,利益相关者也是政策主体之一,而且社会稳定风险的产生往往与利益相关者有直接的关系,因此,政策的制定同样也需要考虑这部分群体的利益。比如,在《暂行办法》中,一是要求决策必须要求利益相关者广泛参与,并充分听取他们的意见和建议,让其诉求得到充分表达;二是项目实施是否符合大多数群众利益,是否兼顾群众的现实利益和长远利益,会不会给群众带来过重的经济负担或者对群众的生产生活带来过多不便。这些说明,将作为政策主体之一的利益相关者在政策的制定中也纳入考虑的因素,他们的行为影响着政策。此外,非利益相关者等也在政策过程中或多或少发挥着作用,成为影响政策形成的一股力量。

(二) 社会稳定风险评估的政策客体

任何政策都有一定的目标指向,即我们所说的政策客体,包括政策目标、内容等方面。政策客体的确定与政策主体的价值主张有一定的关联,反映在政策目标和政策的基本内容方面。政策目标是政策制定的基本导向,政策需要达到什么样的目标,既反映了政策主体的价值偏好,也反映了国家的意识形态属性。在政策客体要素中,内容服务于目标,目标又引导内容和实施手段方式,从而构成一个完整的政策内部系统。

以《暂行办法》为例,政策目标就是预防和化解社会矛盾,建立和规范重大固定资产投资项目社会稳定风险评估机制,因而,围绕这个目标,政策的主要内容集中在风险源的确定、风险分析和评估以及事后的责任追究等方面（见附录2）。

（三）社会稳定风险评估的政策价值

任何政策都有一定的价值取向，反映政治体系的价值规范要求。社会稳定风险评估的政策的总体价值追求是服务于广大人民群众的根本利益，反映最广大人民群众的利益诉求，比如，《暂行办法》要求评估以广大人民群众的利益为重，促进科学决策、民主决策、依法决策，预防和化解社会矛盾。由于政策是在政治体系的规范下形成的，政策目标是为了更好地维护政治体系的秩序，因而，政策还需要反映政治体系的价值偏好。无论是中央的社会稳定风险评估政策还是地方依据中央精神制定的社会稳定风险评估政策，都需要以维护社会稳定为基本目标。比如，《暂行办法》明确要求：项目实施是否存在公共安全隐患，会不会引发群体性事件、集体上访，会不会引起社会负面舆论、恶意炒作以及其他影响社会稳定的问题。可能引发的社会稳定风险是否可控，能否得到有效防范和化解，是否制定了相应的应急处置方案，宣传解释和舆论引导工作是否充分（见附录2）。

当然，要使政策既能够成为政府行为的指南，又可以框定其行动的轨迹，那么，政策的价值导向就要在主体与客体之间保持平衡，单一导向的政策，注定是没有生命力的，得不到民众支持的政策也是无法落地的。因此，从这个意义上说，社会稳定风险评估政策的价值追求，需要在保护人民利益和维护政治体系的利益之间保持平衡，而从已有的政策文本来看，其基本体现了这一价值导向（见表2-2）。

（四）社会稳定风险评估的政策过程

从公共政策理论来看，公共政策过程包括政策问题界定、构建政策议程、政策方案规划、政策合法化等阶段。政策问题的界定，其主要包括思考问题、勾勒问题边界、寻求事实依据、列举目的和目标、明确政策范围、显示潜在损益、重新审视问题表述7个方面；构建政策议程，其主要途径主要有政治领导人、公共组织（包括立法机构、司法机构、行政机构

/ 第二章 社会稳定风险评估的政策形成：历史演进与内在逻辑 /

和其他履行公共管理职能的组织）、利益集团、大众传媒、公众突发事件、技术创新和变革、政治运动、原有的政策、专家学者、社会公众 10 个途径；政策方案规划，主要指决策者为处理政策问题为制订相应的解决方法、对策和措施的过程，具体涉及确定目标、拟订方案、预测方案后果、抉择方案的目的；政策合法化，主要包括法制工作机构的审查、领导决策会议的讨论决定、行政首长签署发布政策，其过程主要包括提出政策议案、审议政策议案、表决和通过政策议案、公布政策。❶ 社会稳定风险评估政策的过程则主要包括风险调查、风险识别、风险分析、风险判断和风险防范等环节。风险调查主要包括确定政策问题，寻求风险的源头，寻找事实依据；风险识别则依据事实，勾勒出问题的逻辑链条；风险分析主要依据风险的调查和识别的基础，寻找问题的源头，勾连问题与缘由的逻辑关联，以此做出科学的判断，最后拟定化解的措施。

这样，政策主体、客体、价值和过程构成了一个完整的社会稳定风险评估政策系统，共同作用于政策的运行，推动政策不断优化，更好地服务于社会经济发展。当然，社会稳定风险评估政策结构也是一个不断优化的过程，结构的优化是制度优化的前提条件。因此，从这个意义上说，正是通过结构优化来推动制度创新。

小 结

本章主要探讨了社会稳定风险评估的政策是如何产生的，在实践中如何演变，并以政策文本为参照物，比较了中央与地方的差异，从而来揭示

---

❶ 保罗·A. 萨巴蒂尔. 政策过程理论 [M]. 彭宗超, 译. 北京：生活·读书·新知三联书店, 2004.

制度变迁的内在逻辑。作为一项制度创新的社会稳定风险评估政策，遵循中国制度安排惯有的路径，即从地方创新到试点，再到推广上升到国家制度。从社会稳定风险评估政策结构来看，其由政策主体、客体、价值和过程组成，其内在的逻辑在于结构要素之间的相互支撑，形成一个完整的系统，共同作用政策的运行。政策结构的不断优化是推动制度创新的动力，也是前提条件。因此，要使社会稳定风险评估政策更好地服务于实践，需要从优化政策结构入手，通过构建结构要素之间的系统化、均衡化的路径来实现。

第三章
社会稳定风险评估的过程：评估程序与运行机制

第二章主要阐释了社会稳定风险评估政策的形成以及内在的逻辑，从而加深了我们对政策的了解。当然，仅仅停留这个层面还是不够的，需要深入到政策实施的过程中才能更好地理解，因此，这一章将着重分析社会稳定风险评估的过程，试图从动态的场景中来揭示其背后的逻辑。

第一节 社会稳定风险调查

社会稳定风险评估有一套基本的程序，这是保证评估结果可靠性的重要前提，因此，社会稳定风险评估的过程首先必须要遵守法定的程序。按照英国健康与安全执行委员会曾经发布过的一份风险评估介绍，把风险评估分为五个步骤：识别风险，确定谁会受到伤害以及如何受到伤害，评价风险并决定风险措施，记录结果并实施和检查评估情况，在必要的时候进行更新。❶ 据此，本书把社会稳定风险评估的程序分为：风险调查、风险识别、风险分析、风险估计、风险防范和风险结论六个步骤。

---

❶ 马文·拉桑德. 风险评估：理论、方法与应用 [M]. 刘一骝，译. 北京：清华大学出版社，2013：8.

一、风险调查

所谓风险调查,就是评估主体依据一定的方法,对重大决策或重大项目所涉及的组织、个人或其他事项进行调查,以确定是否会带来社会风险问题的过程。风险调查是社会稳定风险评估的第一步,也是非常关键的一步,调查是否准确,对后续的风险识别、分析、估计以及防范措施的制订都具有重要意义。就内容来看,风险调查包括调查的方案、项目的合法性程度、项目所在地的自然和社会历史情况、利益相关者的诉求、基层组织态度、舆论导向、项目公众参与情况,等等。以下,本书结合《N市轨道交通2号线南延线工程社会稳定风险评估》的政策文本❶(以下简称"轨道建设风险分析报告")为例来讨论分析。

(一) 调查方案

风险调查的第一步,首先需要制订调查方案,调查方案一般包括调查的内容、范围、调查的方法等。比如,N市轨道交通2号线南延工程,调查内容包括:针对工程沿线影响社会稳定的因素进行调查,关注征地拆迁、交通影响、环境影响、商业影响等,对项目合理性、合法性、可行性进行分析,对民众重点关心的问题进行社会稳定风险分析,对风险可控性进行分析。调查范围包括N市轨道交通2号线南延线工程,本次调查范围为工程沿线各站点、区间及车辆段周边,施工期间及运营期间的直接影响区域,以及因地铁施工及运营带来间接影响的区域,主要调查对象是工程沿线各站点、区间、车辆段辐射一定区域内的村民、房地产商、机关企业、村委会等。

(二) 调查方法

评估小组运用文献收集法、实地观察法、问卷调查法、个案访谈法、

---

❶ 资料来源:《N市轨道交通2号线南延线工程社会稳定风险分析报告》,编制单位为N市轨道交通设计研究院有限公司,2015年11月。

小组座谈法等各种适宜而有效的方式,对一切在本项目准备、实施和运营阶段有可能引起各种程度的社会稳定风险的方面,进行资料收集。表3-1是评估小组对各类调查对象采取的调查方法。

表3-1 调查采取的主要方法

调查分类		调查方法
前置文件收集		个案访谈法、文献收集法
合法性文件收集		文献收集法
社会环境调查	利益相关者态度	问卷法、访谈法、文献收集法
	当地社会组织态度	问卷法、访谈法、观察法
	当地自然条件	文献收集法、观察法
	当地社会条件	问卷法、访谈法、文献收集法、观察法
	时机条件	个案访谈法、文献收集法
同类和类似事件调查		个案访谈法、文献收集法

(三) 调查的重点

在风险调查中,最重要的是要摸清楚项目对民众所带来的影响,因为这往往是诱发社会稳定风险因素的关键所在。因此,在调查方案中,需要把这些情况罗列出来。比如,上述的案例是一个地铁的项目,涉及房屋征收和拆迁。从历史经验来看,补偿标准、拆迁等问题容易导致群体性事件,❶ 比如征地、拆迁等项目,因此,需要对这些内容进行详细调查,摸清底细(见表3-2)。

---

❶ 尹利民,等. 组织化与非组织化:群体性事件的后果及其控制——几个典型案例的组织学分析 [J]. 理论与改革, 2014 (2): 117-120.

表 3-2 预计需征拆项目及数量统计

征拆位置	征拆项目	单位	数量	征拆位置	征拆项目	单位	数量
站前南大道站	红果冬青	棵	116	生米南站	楼房7层	栋	1
	红果冬青	棵	82		平房	家	1
	房屋	平方米	2500		10千伏线杆	根	7
站前南大道站至腾龙站	房屋	平方米	1500	生米南站至南路村站区间	水井	口	2
	杉树	棵	1500		樟树（8-20厘米）	棵	128
	池塘	个	5		楼房	家	15
	杂树	棵	50		小型信号站	座	1
腾龙站至九龙湖北站	杂树	棵	2063		枣树（20厘米）	棵	60
九龙湖北站至九龙湖南站	杂树	棵	60		桂花树（1厘米）	棵	174
	房屋	平方米	400		桂花树（5厘米）	棵	186
	池塘	个	3		夹竹桃（1厘米）	棵	20
生米大道站	店面	家	8		樟树（10-20厘米）	棵	135
	楼房	家	5		坟墓	座	30
	坟墓	座	6		樟树（5厘米）	棵	27
	基督教堂	座	1		楼房	家	16
生米大道站至生米南站区间	店面	家	55	南路村站	煤球厂	座	1
	厂房	座	3		移动、电信通信电缆	根	14
	楼房	家	13		枣树（20厘米）	棵	213
	中建二局板房	栋	3		松树	棵	1
	于家祠堂	座	1		柏树	棵	15
	0.4伏农网线，移动、电信通信电缆	根	20		樟树（10-15厘米）	棵	536
	变压器	台	4		樟树（5厘米）	棵	70

续表

征拆位置	征拆项目	单位	数量	征拆位置	征拆项目	单位	数量
生米大道站至生米南站区间	自来水管（600毫米）	条	1	南路村站	坟墓	座	20
	松树	棵	1000		水井	口	1
	坟墓	座	60				
	水井	口	1				

资料来源：《N市轨道交通2号线南延线工程社会稳定风险分析报告》

从表3-2中也可以看出，调查做得非常细致，涉及与群众利益相关的各个方面，可谓是事无巨细。

二、项目的合法性

项目的合法性是指拟建项目与现行国家的法律法规、地方发展规划等是否相符。一般情况下，项目合法性的审查是程序性的，因为拟建的项目必须符合国家的法律法规，以及地方发展规划，否则，得不到其他部门的批准。但项目是否与地方产业政策、城市规划相容，则是项目合法性审查的重点。

（一）项目与规划的相容性

从经验来看，有些地方的发展存在盲目追求速度，不顾地方实际，乱铺摊子的现象，造成了国有资产的流失。因此，项目的合法性审查，首先，需要审查是否与城市发展的规划相容。比如，根据《N市城市快速轨道交通建设规划（2014—2020）》，N市将在2020年前先后建设2号线二期工程（其中本工程在2017年建成），3号线、4号线、1号线二期工程，总长96.7千米。进一步完善N市轨道交通网络，加强各区之间的联系，带动旧城改造，引导外围新城发展。

其次，需要审查现行的城市规划该项目与地区经济发展和城市结构调整的大趋势是否相符合。本工程穿越整个九龙湖片区的核心区域，主要途经万达文化旅游城、大型居住区、高档酒店商务区、医院、国展中心等大型客流集散点，并且与一期工程在国铁 N 市西站南广场处相接，本工程建成之后将成为九龙湖片区联系红谷滩中心区和旧城核心区的主要客运通道，将显著缓解本区域的过江交通压力，同时引导城市空间布局合理发展，有利于拉开城市框架、引导和支持九龙湖片区及红谷滩新区的规划建设，有力支持 N 市城市新发展主轴的形成。本工程是促进城市结构调整，实施城市总体规划的迫切需要；是实现城市交通发展战略的迫切需要；是全力支持 N 市发展打造核心增长极、加快鄱阳湖生态经济先导区建设的需要；是促进九龙湖片区和市中心区一体化发展的重要保证；是保证经济增长、拉动内需、促进城市经济社会发展的需要；是沿线重点工程配套设施的迫切需要；是沿线市政道路、管网建设的迫切需要；是确保先建地铁线路正常运营的迫切需要。

（二）项目手续的合法性

项目除了需要与当地的规划相符外，还需要符合法律手续，尤其需要一些事先报批的手续，而这个往往是容易被忽略的。因此，手续的合法性审查是必不可少的环节。一般而言，项目的法律手续主要包括土地预审、环境评价、项目可行性分析、地震安全性评价和安全性预评价等。这些手续是社会稳定风险评估的前置性文件，即只有完成了上述报告，才可以进入社会稳定风险评估程序。当然，在实际操作中，有时候为了赶进度，业主单位会同时进行报批，但土地预审和环境评价两个文件必须通过，因为这两个是最重要的。

（三）利益相关者的诉求

利益相关者的诉求是风险调查的重点，也是风险评估程序中至关重要的环节，因此，无论是评估环节还是分析报告，都把这部分的调查作为重要的内容。

不同的项目，其利益相关者所涉及的对象也不一样，但一般而言，重大工程项目所涉及的利益相关者包括地方各级政府、业主单位、基层组织、企事业单位和个人等。当然，非利益相关者，比如媒体等常常也会对事件起作用,因此,风险调查通常也要考虑他们的诉求。

1. 地方政府

一般而言,重大工程项目,即使是国家的重点工程项目,对地方政府都是有利的,因而,基本都能够得到他们的支持。他们的诉求很多具有象征性。比如,上述轨道项目,地方政府的诉求:作为地铁2号线南延线的主要组织协调者,与项目社会稳定风险的关联之处在于能否做到项目规划、准备过程的科学决策、民主决策,保障项目规划、审批过程的顺利进行,并且领导相关职能部门保障项目政策的合法性和执行的有效性。

2. 业主单位

业主单位作为项目建设任务的直接承担者,其利益诉求就是希望项目能够顺利进行,减少成本,提高效率。比如,作为业主单位的轨道公司,他们的诉求:轨道交通集团作为项目准备阶段的具体组织者,希望得到省市以及相关部门的大力帮助,早日通过各相关机构的审批,尽早进入项目实施阶段。他们与项目社会稳定风险的关联在于,能否按照国家和地方的政策和程序规范地进行项目准备,科学地组织建设施工,不以企业利益损害其他相关群体利益。

3. 基层组织

作为征地拆迁工作的具体承担者,基层组织在承担工作的同时,也获得工作经费、改善工作条件的利益。他们既希望业主单位给出合理而优惠的征地拆迁补偿政策,也希望受影响的家庭和企业、单位给予积极配合,尽快完成所辖区域内征地拆迁任务。在经济利益上,他们与项目间接相关,但征地拆迁是政府行为,他们作为具体任务的承担者,会受到市政府、区政府绩效考核的督促,因此,对项目一般会持积极态度。他们与项目社会稳定风险的关联在于能否以高度的政策水平和熟练的业务知识规范而平稳地实施征地拆迁政策,保障受影响的人口和企业单位正常生活和生产经营而不受影响。

4. 所涉企业、单位

一方面,受征地影响,可能对所涉企业、单位正常生活乃至生产经营造成影响,从而产生一定的消极情绪,但地铁项目带来的好处是显而易见的，使得他们又对项目的建设充满期待。他们关心的是得到合理的补偿，对可能造成的负面影响给予妥善安置，补偿资金的分配和使用能够做到合理、公开、透明。这些受影响的企业和单位与项目社会稳定风险的关联是他们是否接受项目征地后的补偿和安置政策，当他们有所不满与抱怨时，有无通畅的反映问题机制和渠道，以及合理解决问题的途径和方法。

5. 所涉居民个人

与受征地影响的居民和企业、单位一样，受拆迁影响的家庭、企业和单位，他们最关心的是补偿标准是否合理，评估程序和结果是否公开透明，轨道交通集团提供的安置住房是否满意，受影响的生产经营损失能否得到合理的补偿。如果这些问题得到满意的解决，他们会对项目持积极支持的态度，但如果基本生存条件没有得到满足，则有可能成为阻碍项目顺利实施的力量。这些受影响的人口和单位是项目社会稳定风险发生概率较高的来源之一。与项目社会稳定风险的关联是他们是否接受项目拆迁建筑物的补偿和安置政策、货币补偿评估程序和结果是否合理、产权调换安置方式是否落实，当他们有所不满与抱怨时，有无通畅的反映问题机制和渠道，以及合理解决问题的途径和方法。

6. 公共媒体

重大民生建设项目的任何信息都是地方公共媒体发挥其影响的重要舞台。在这个过程中，任何积极或者消极的信息，都可能通过报纸、电视或者网络等媒介得到传播，其积极和消极的影响会加倍扩散。基本而言，媒体本身作为一个中性的传播形式，与项目本身并无直接利益关联，但媒体的覆盖面及影响力，以及社会公众对负面消息特有的敏感性和追索性特点，使得媒体在项目准备、建设和运营过程中处于一个特别重要的地位，使之成为社会稳定因素中的重中之重。公共媒体与项目社会稳定风险关联度极高，它们从来就是项目社会稳定风险产生和发展的重要见证者和参与者，项目的社会影响能够通过媒体得到广泛的宣传。媒体信息运用得当，可以有效规避和化解可能出现的社会稳定风险，如果运用不当，则有可能成为社会稳定风险的变压器和放大器。

(四) 公众参与情况

项目的公众参与情况是信息透明公开的重要组成部分,也是遏制冲突的前提条件,因此,社会稳定风险评估的政策设计要求在社会稳定风险评估评估程序中要尽可能让公众参与了解项目工程的情况。当然,这里的参与,是指公众为了维护自己的利益,对项目表达诉求和意愿的行为。影响公众参与行为的因素很多,但有研究表明:行为态度、主观规范、自我效能感、控制力对公众参与意愿有显著影响。❶

从当前风险调查的情况来看,公众参与情况的调查大多采取网上公示、现场张贴情况说明以及问卷调查三种形式,而问卷调查是了解公众参与情况的最主要方式。从我们的调查来看,问卷调查比较随意,大多采取非随机的方式,样本量也相对较少,设计的内容也相对简单(见表3-3)。

表3-3 居民问卷调查统计　　　　　　　　　　　　N=89

序号	调查内容	意见选择	人数	比例 (%)
1	您对轨道环线工程的了解程度	了解	21	23.6
		听说过	58	65.2
		不知道	10	11.2
2	您认为项目建设和运营对当地群众收入水平的影响	会提高收入水平	16	18
		没有影响	67	75.3
		会降低收入水平	6	6.7
3	您认为当地百姓对项目建设的总体态度是	支持度高	37	41.6
		支持度较高	45	50.6
		支持度低	7	7.9
4	您认为项目建设和运营对教育的影响是	有正面影响	30	33.7
		没有影响	56	62.9
		有负面影响	3	3.4

---

❶ 朱正威,李文君,赵欣欣. 社会稳定风险评估公众参与意愿影响因素研究 [J]. 西安交通大学学报(社会科学版), 2014 (2): 49-55.

续表

序号	调查内容	意见选择	人数	比例（%）
5	您认为项目建设和运营对就医的影响是	有正面影响	22	24.7
		没有影响	65	73
		有负面影响	2	2.3
6	您认为项目建设和运营对社区建设的影响是	有正面影响	21	23.6
		没有影响	67	75.3
		有负面影响	1	1.1
7	政府和项目业主将按相关政策标准制订征收征用方案，您对项目的态度是	支持	48	53.9
		基本支持	38	42.7
		不支持	3	3.4
8	政府和项目业主将按相关标准和规定进行补偿和发放补偿资金，您对项目的态度是	支持	55	61.8
		基本支持	33	37.1
		不支持	1	1.1
9	政府和项目业主将按相关标准建造安置房并公平、公正、公开进行安置，您对项目的态度是	支持	60	67.4
		基本支持	28	31.5
		不支持	1	1.1
10	您认为项目建设和运营期间废水、废气和固体废弃物对环境的影响是	没有污染	24	27
		略有污染但可以接受	54	60.7
		会严重污染	11	12.4
11	您认为项目建设和运营期间噪声和振动对当地的影响是	没有影响	7	7.9
		略有影响但可以接受	67	75.3
		会严重影响	15	16.9
12	您认为项目建设和运营对当地公共活动空间、绿地、生态景观等的影响是	有正面影响	14	15.7
		没有影响	54	60.7
		有负面影响	21	23.6
13	您认为项目建设和运营对当地居民健康的影响是	没有影响	42	47.2
		略有影响但可以接受	37	41.6
		会严重影响	10	11.2

续表

序号	调查内容	意见选择	人数	比例（%）
14	您认为项目建设和运营对当地社会治安的影响是	没有影响	55	61.8
		略有影响但可以接受	31	34.8
		会严重影响	3	3.4
15	您认为项目建设和运营对就业的影响是	会增加就业机会	57	64
		没有影响	31	34.8
		会减少就业机会	1	1.1
16	项目建设和运营期间流动人口对您的影响是	没有影响	50	56.2
		略有影响但可以接受	36	40.5
		会严重影响	3	3.4
17	您认为项目建设和运营对商业经营的影响是	有正面影响	31	34.8
		没有影响	56	62.9
		有负面影响	2	2.3
18	项目建设过程中道路开挖和建筑材料堆放会暂时影响交通，您是否接受	完全接受	8	9
		基本接受	73	82
		不接受	8	9
19	据您了解，该项目的媒体报道和舆论反应是	一般没有负面舆论	60	67.4
		可能引发少量负面舆论	28	31.5
		会引发大量负面舆论	1	1.1
20	项目业主将按照相关法律、政策、标准进行项目建设，您认为是否会发生群访、集体上访事件	一般不会发生信访事件	62	69.7
		可能引发零星上访	26	29.2
		会引发大规模上访、集访	1	1.1
21	项目业主将按照相关法律、政策、标准进行项目建设，您认为是否会发生群体性事件	一般不会发生群体性事件	70	78.7
		可能引发小规模群体性事件	18	20.2
		会引发重大、特大群体性事件	1	1.1
22	您认为政府和项目业主对项目的宣传解释工作做得	做得充分	26	29.2
		基本充分	51	57.3
		没有做引导工作	12	13.5

续表

序号	调查内容	意见选择	人数	比例（%）
23	您对项目建设的态度是	完全支持	72	80.9
		有条件支持	12	13.5
		不支持	5	5.6

资料来源：《N市轨道交通2号线南延线工程社会稳定风险分析报告》，第22-23页，编制单位为N市轨道交通设计研究院有限公司，2015年11月。

显然，公众参与的广泛性和代表性存在一些问题，因而，难以真正反映大多数民意的诉求，但与过去相比，通过这种问卷调查的方式，大体可以摸清楚公众的基本利益诉求是什么，对于后面的防范措施的制订有一定的意义。

在风险调查中，还有一项很重要的内容，那就是要了解项目所在地是否曾经发生过群体性的冲突事件，以及在国内类似的项目是否出现过社会稳定风险问题。这些调查主要是为控制同类事件的再次发生提供经验借鉴。比如，"轨道建设风险分析报告"就做了四个有关同类项目的案例：

案例1：地铁拆迁引起的事件。N市轨道交通1号线因建设需要，依法对金童商厦进行征迁。2012年4月1日，在金童商厦与经营户签订的承包经营合同到期后，相关部门对金童商厦征收依法进行了动迁。动迁时，4月1日、2日分别发生了在金童商厦、交电大楼上个别经营户跳楼威胁，在N市相关部门的教育劝说下，跳楼威胁经营户均已被劝说安全回家。

案例2：房屋裂缝引起的群众不满。2014年3月，N市轨道交通1号线，八一广场站至八一馆站区间盾构施工，宿舍居民担心房屋安全，产生了不满情绪，多次向N市轨道交通集团和当地政府反映情况。N市轨道交通集团和N市西湖区政府一方面通过对居民做好安抚工作，另一方面对区间上部结构进行细致的结构安全检测工作，以及加强施工措施，确保房屋的结构安全。最终，在确保房屋的结构安全后，当地居民的不满情绪得到平复。

案例3：地面沉降引发的群体性事件。需要重点关注建设期间由于地铁施工引起的地面沉降引起的社会群体事件。2012年8月28日，哈尔滨市西大直街铁路公安处门口又发生一起路面塌陷事故，塌陷是因地铁施工造成。2012年8月9日至17日,9天时间内,哈尔滨城区已发生7起塌陷事故,致2死2伤,2车坠坑。哈尔滨市民对城市安全已产生恐慌心理,群众表示城市没安全感,容易发生群体性事件。

案例4：武汉地铁工程武昌段建设工程。2008年下半年,武汉地铁工程武昌段建设工程按计划对武昌中南付家坡十字路口的中南路天桥进行项目迁移,工程进展期间,受到附近领秀中南大厦的几十家商户及上百名群体的集体上街阻挠,争执中双方发生群体性冲突。

这些案例最后是如何化解的,产生了何种社会稳定风险问题？这些问题并没有在"轨道建设风险分析报告"中阐释清楚。

第二节　社会稳定风险的识别

在风险调查的基础上,需要进行风险识别,识别出潜在的危险事件,以及与系统相关的危险和威胁,为后续的措施防范奠定基础。

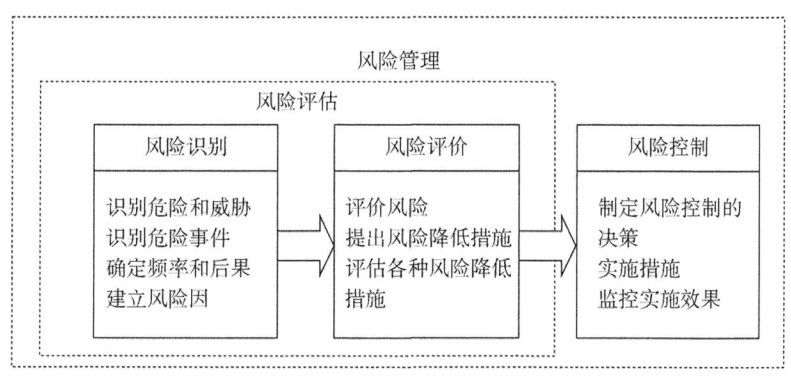

图3-1　风险管理

资料来源：马文·拉桑德. 风险评估：理论、方法与应用 [M]. 刘一骝,译. 北京：清华大学出版社,2013：8-9.

风险评估是风险管理的重要组成部分,包括风险识别和风险评价两个环节(见图3-1)。其中风险识别是基础,所谓识别过程就是在问题浮出水面之前发现它们,同时还要对问题进行陈述,描绘出危险的事件是什么,何时、何地、如何发生,以及发生的原因。在此基础上进行分析,将数据转化为风险相关的决策支持信息。

一、风险识别

风险识别首先要对项目所涉及领域进行风险源的查找,以确定是否存在潜在的危险问题。通常采用调查问卷法、访谈法、案例法、专家法等方法来查找。调查问卷可以通过问卷的形式来收集相关群体的态度,反映问题比较集中的(见表3-3),则可认为存在潜在的风险隐患,因而以此可以查找风险源,并进行分析(见表3-4)。

表3-4 利益相关者的利益诉求分析

利益群体	对项目的主要诉求	对项目的态度和要求	项目实施中的权力
直接利益群体			
搬迁安置人口	项目的直接受影响者。轨道交通建设将使他们举家迁移,对生产生活造成不利影响。如能得到较好的拆迁补偿和安置,其将支持项目建设	更好的异地安置位置,获得较为满意的住房安置面积,但是部分被拆迁居民,对拆迁赔偿不满,阻挠拆迁;部分老居民有房屋怀旧情结,不适应搬迁	很小
穿越住宅居民	项目的直接受影响者。轨道交通建设和运营影响正常生活,产生不利影响。工程建设和运营期间需要解决好这部分居民的诉求	建设期间更安全的施工方案,运营期间噪声和震动控制在可接受范围内	很小
居民	项目的直接受益者。项目实施将使交通更加方便,生产和生活条件、生活水平将提高	对项目表示支持。要求项目实施不要造成沿线环境污染,希望尽快建成	很小

续表

利益群体	对项目的主要诉求	对项目的态度和要求	项目实施中的权力
沿线批发、零售商	项目的直接受益者。项目的实施将使客流增加，效益增加显著。但是施工期间影响经营，尤其对租房从事经营的影响更为显著	对项目表示极大支持。希望项目施工期不利影响尽量小，尽快建成。部分批发、零售商认为施工期地铁公司应给予一定的经济补偿	很小
企事业单位	施工期间对企事业单位的生产产生一定影响，运营期间，方便企业职工上下班	涉及征拆，大部分企业有条件支持项目建设；不涉及征拆，大部分企业积极支持地铁建设	很小
沿线各区、镇政府	项目的直接受益者。项目实施将使本区（镇）交通基础设施得到很大改善，将促进本区经济和社会发展，使市民生活水平得到提高	对项目表示极大支持，积极配合项目建设。希望尽快建成	较大
沿线房地产开发商	项目的直接受益者。项目实施将他们开发的房地产升值	对项目表示极大支持，希望尽快建成。如果涉及征用土地，大部分表示需要经济补偿或者请求地铁建设方调整地铁建设方案。由于工作受到制约，有较强配合政府工作的意识	较大
设计、施工、监理单位	项目的直接受益者。项目实施可以锻炼队伍，增加收入	支持项目建设	很小
间接利益群体			
国务院、江西省人民政府	代表国家进行项目审批，希望项目能够如期建设，为地区经济和社会发展做出贡献	支持项目建成。对项目有宏观管理权力	大
N市人民政府	代表地区最高行政管理机构，对市交通发展的历史和条件极为清楚	极力支持项目建设。要求项目尽快得到审批和实施，直接领导和管理项目	最大

续表

利益群体	对项目的主要诉求	对项目的态度和要求	项目实施中的权力
N市轨道交通集团有限公司	代表省、市政府实施对项目建设的领导,全权负责项目的组织、管理和协调	极力支持项目建设。代表省、市政府与相关政府部门、设计、施工单位横向联系与协调,要求项目尽快审批和实施	最大

从表3-4中还可以看出,利益群体项目中的权力越大,其对项目的影响就越大,与风险的关联度也越大,然而,由于掌握项目的权力基本在地方政府或业主单位手中,而利益直接相关者的权力实际较小,因而,总体判断社会风险是可以控制的。

除调查问卷来查找风险源外,还有一种比较常用的方法就是风险因素核对识别法,就是把项目涉及的风险进行归类,然后与风险参考评价指标来比对,判断风险特征因素,最后确定是否存在风险。本书以"W枢纽二线船闸工程社会稳定风险分析报告"(以下简称"W风险报告")为例来进一步说明。万安枢纽二线船闸工程项目的风险因素分为52类(不同的工程项目,风险因素不一样),几乎涵盖所有方面,根据参考评价指标来比对特征风险因素(见表3-5)。

这样,通过这些方法来查找风险源。当然,为了防止遗漏,通常是几种方法交叉进行,尽可能做到覆盖面广。

表3-5 风险因素核对及识别

序号	风险因素	参考评价指标	特征风险因素	条款说明
1	立项、审批程序	项目立项、审批的合法合规性	否	本项目正严格按规定程序开展项目立项和审批等各项前置性工作。项目环境影响评价报告、规划选址、通航论证、水土保持方案及节能评估正在进行现场勘察、调研,并着手编制相关文本,可行性研究报告已完成内审,各项前期工作顺利开展

续表

序号	风险因素	参考评价指标	特征风险因素	条款说明
2	产业政策、发展规划	项目与产业政策、总体规划、专项规划之间的关系	否	本项目已列入《江西省内河水运"十三五"发展规划》《江西省国民经济和社会发展第十三个五年规划纲要》等规划，与《江西省主体功能区规划》《万安县城市总体规划（2013—2030）》等规划相符
3	规划选线（选址）	项目与地区发展规划的符合性、与地块性质的符合性、周边敏感目标（住宅、医院、学校、幼儿园、养老院等）与项目的位置关系和距离	是	现状万安水厂水源取水口位于大坝与一线船闸轴线交汇处南侧，与本项目距离较近，打算将取水口迁改至船闸的上游，远离船闸位置。但取水口迁改方案还在研究当中，还未最终确定，如未合理处理项目与万安水厂取水口的关系，保护饮用水源，公众对本项目的建设有较大的争议，极有可能引发社会风险
4	规划设计参数	容积率、绿化率、建筑限高、建筑退界、与相邻建筑形态及功能上的协调性	否	严格按照《船闸总体设计规范》（JTJ 305-2001）设计要求，并经过方案比选，综合确定本项目设计参数，能够满足施工和运营要求
5	立项过程中的公众参与	规划、环评审批过程中的规范公示及诉求、负面反馈意见	否	本项目正严格按规定程序开展审批，本项目社会稳定风险分析和评估均按有关规范要求进行公示，征求公众的意见及诉求，并采纳公众提出的意见

续表

序号	风险因素	参考评价指标	特征风险因素	条款说明
6	土地房屋征收征用范围	项目建设用地是否符合因地制宜、节约利用土地资源的总体要求，土地房屋征收征用范围与工程用地需求之间、与当地土地利用规划的关系等	否	本项目符合因地制宜、节约利用土地资源的总体要求，且与当地土地利用规划相符，永久征地122.75亩，临时征地928.92亩，对工程用地范围内的建筑物及设施进行拆迁，征地拆迁范围基本确定，因此引发社会稳定风险的可能性不大
7	土地房屋征收征用补偿资金	资金来源、数量、落实情况	是	征地拆迁及投资额都较大，若资金不到位，将对项目建设产生影响，很有可能延误工期，影响周围群众的工作与生活，使得群众产生不满心理
8	被征地农民就业及生活	农民社会、医疗保障方案和落实情况、技能培训和就业计划等	否	本项目永久征地为122.75亩，主要占用万安枢纽管理区用地和林地，不对附近农民的农用地的永久征用。但项目临时征地928.92亩，会临时征用芙蓉镇部门农民的农用地，但项目施工结束后，只要对临时用地进行复耕复种复绿处理，就不会影响农民的耕种，因此，项目对被征地农民就业及生活影响不大
9	安置房源数量及质量	总房源比率、本区域房源比率、期房/现房比率、房源现状及规划配套水平（交通和周边生活配套设施等）、安置居民与当地居民的融合度等	否	项目对工程用地范围内的建筑物及设施进行拆迁，拆迁的建筑物主要为万安枢纽办公楼，总建筑面积约5720平方米，项目建设单位已多次与万安水电站进行沟通协商，已初步达成共识，将会妥善解决万安水电站的办公问题

续表

序号	风险因素	参考评价指标	特征风险因素	条款说明
10	土地房屋征收征用补偿标准	实物或货币补偿与市场价格之间的关系、与近期类似地块补偿标准之间的关系（过多或过少均为欠合理）	否	项目永久征地均属于万安水电站用地，拆迁只涉及万安枢纽用地范围内的建筑物及设施，将严格省、市、县当地土地房屋征收政策进行合理补偿，引发社会稳定风险的可能性不大
11	土地房屋征收征用补偿程序及方案	是否按照国家和当地法规规定的程序开展土地房屋征收补偿工作，补偿方案是否征求公众意见，等等	否	项目建设单位已与涉及征地拆迁的万安水电站进行了多次沟通协调，做好征地拆迁动员工作，并将严格按照国家和地方规定程序进行征地拆迁，并充分征求水电站的意见
12	拆除过程	文明拆除方案的制订和拆迁过程的监管，拆房单位既往表现和产生的影响，等等	否	项目仅涉及万安枢纽用地范围内的建筑物及设施的拆迁，且项目建设单位非常重视文明拆除方案的制定和拆迁过程的监管，其拆除过程的隐患风险很小
13	特殊土地和建筑物的征收征用	涉及基本农田征收征用、军事用地、宗教用地等征收征用应与相关政策的衔接	否	不涉及
14	管线搬迁及绿化迁移方案	管线搬迁方案的合理性，绿化迁移方案的合理性	否	本项目将对管线搬迁及绿化迁移方案进行可行性论证
15	对当地的其他补偿	对施工损坏建筑的补偿方案，对因项目实施受到各类生活环境影响的人群的补偿方案	是	项目在建设过程中将不可避免地存在因施工损坏管线、道路、水系、水源、林地、植被等现象，如果施工方与当地群众未及时达成补偿和修复方案，容易造成当地居民阻碍施工、聚众闹事等事件

续表

序号	风险因素	参考评价指标	特征风险因素	条款说明
16	工程方案	此风险因素一般将伴随工程安全、环境影响方面的风险因素同时发生，可以具体项目展开分析（比如，易燃易爆项目应考虑安全距离内外可能造成破坏影响；在技术方案中执行的安全、环保标准低，与群众的接受能力不一致；等等）	否	本项目工程方案由符合资质要求的单位进行设计，并充分考虑工程技术方案的安全性和可靠性
17	隧道及地下建筑工程的施工可能引起地面沉降的影响	隧道及地下建筑工程基本情况，地质条件，类似案例调查，实施单位资质和经验，明挖、暗挖及明暗结合开挖和维护方案是否充分及专项评审意见，第三方检测方案。隧道及地下建筑工程引起地面沉降，导致对周边建筑物、构筑物、道路及地下管线损失等	否	不涉及
18	资金筹措和保障	资金筹措方案的可行性，资金保障措施是否充分	是	项目投资额较大，达到22.52亿元，项目资金筹措方案、支付流程还不明确，如资金筹措方案可行性不强，建设资金方面不能按计划到位，资金的使用不公开、不透明，出现挤占挪用、截留、拖欠征地拆迁款、拖欠农民工工资等资金管理不善的情况发生，将引发群体性冲突事件

续表

序号	风险因素	参考评价指标	特征风险因素	条款说明
19	大气污染物排放		否	项目实施和运营过程中将产生扬尘、运输汽车尾气等大气污染物，但排放量较小，且影响范围较窄，采取相应的治理措施后能得到有效控制
20	水体污染物排放	厂界内、沿线、物料运输过程中各污染物排放与环保排放标准限值之间的关系，与人体生理指标的关系，与人群感受之间的关系，主要包括施工期、运营期的两个阶段	是	项目施工期间将排放施工船舶含油污水、施工生产废水、施工人员生活污水；运营期间将排放船舶舱底油污水、船舶生活污水以及船闸工作人员的生活污水。若管理或监管不善，会对地表水环境造成不良的影响，引发群众对项目的抵触情绪
21	噪声和振动影响		是	项目的建设会产生一定噪声主要为施工机械噪声、货运车辆交通噪声；运营期主要包括船舶航行噪声以及船舶鸣笛、现场指挥作业广播喇叭噪声，如未采取相应的治理措施，会对沿线居民造成一定影响
22	电磁辐射影响		否	项目不涉及电磁辐射、放射线影响
23	水土流失	地形、植被、土壤结构可能发生的变化，弃土、弃渣可能造成的影响，是否有水土保持方案	是	项目建设施工改变了原有的地形地貌，破坏了地表植被，涉及开挖土石方约423万立方米，涉及土石方量大，且所在区域属亚热带季风湿润气候，年降水量多，若在雨季进行土石方工程，没有采取有效的水土保持措施，将造成水土流失

续表

序号	风险因素	参考评价指标	特征风险因素	条款说明
24	土壤污染	重金属及有毒有害有机化合物的富集和迁移	否	项目基本不涉及有毒有害物质
25	固体废弃物及其二次污染（垃圾臭气、渗滤液等）	固体废弃物能否纳入环卫收运体系、保证日产日清；建筑垃圾、大件垃圾、工程渣土、有毒有害固体废弃物（如医疗废弃物）能否做到有资质收运单位规范处置	否	项目产生的各类固体废弃物将按照相关规范要求进行处置，其不利影响轻微
26	日照影响	与规划限值之间的关系，日照减少率，日照减少绝对量，受范围、性质（住宅、学校、养老院、医院病房或其他）和数量（面积、户数）影响	否	本项目建设的配套生产及生活辅助建筑严格按城市规划控制的高度进行建设，与周边建筑保持一定的间距，其产生的日照、通风、热辐射、光污染影响较小，且在实施过程中，本着节约用地、保护植被的原则，对生态和景观环境影响较小
27	通风、热辐射影响	热源及能量与人体生理指标的关系，与人群感受之间的关系，通风量、热辐射变化量、变化率	否	
28	光污染	包括玻璃幕墙反射污染和夜间市政、景观灯管污染影响的物理范围和时间范围，灯光设置合理规范性	否	
29	公共开放活动空间、绿地、生态环境和景观	公共活动空间质和量的变化、公共绿地质和量的变化，生态环境的变化，社区景观的变化，等等	否	

续表

序号	风险因素	参考评价指标	特征风险因素	条款说明
30	其他影响	如文物、古木、墓地以及生物多样性破坏等其他影响	否	项目不涉及文物、古木等文物，征地范围内无墓地，对生物多样性影响较小
31	项目"五制"建设	法人负责制、资本金制、招投标制、监理制和合同管理制	否	项目将严格执行法人负责制、资本金制、招投标制、监理制和合同管理制，制定完善的管理制度
32	项目单位六项管理制度	审批或核准管理、设计管理、概预算管理、施工管理、合同管理、劳务管理	否	
33	施工方案	施工措施与相邻项目建设时序的衔接，实施过程与敏感时点（如两会、高考等）的关系，施工周期安排是否干扰周边居民生产生活，等等	否	根据以往船闸建设来看，将严格按照《中华人民共和国招标投标法》《中华人民共和国招标投标法实施条例》等规定进行招标，根据中标结果，确定经验丰富、符合资质的施工单位，并依法组织实施，合理安排施工顺序和进度计划，制订科学合理的施工方案
34	文明施工和质量管理	违反文明施工和质量管理的相关规定，造成环境污染，停水、停电、停气，影响交通等突发情况，等等	是	文明施工和质量管理、社会稳定风险管理体系合并为文明施工及施工协调机制。根据同类项目建设情况，在建项目施工过程中，因未成立工程建设应急处理工作小组，缺乏施工协调机制，无法将责任落实到位，导致当地政府不积极协调，施工人员与当地居民因口角、利益纠纷等发生冲突的可能性较大，导致发生聚众斗殴的群体性事件

续表

序号	风险因素	参考评价指标	特征风险因素	条款说明
35	社会稳定风险管理体系	项目单位和当地政府是否就项目进行充分沟通，是否对社会稳定风险有充分认识并做到各司其职，是否建立社会稳定风险管理责任制和联动机制，是否制订相应的应急处置预案，等等	是	
36	文化、生活习惯	地方传统文化、邻里关系、生活习惯、社会品质等方面的改变，可能引起群众的不适	否	施工期间由于项目对道路交通、生态环境等方面的影响，可能对群众的出行方式及生活习惯产生影响，但其影响较小
37	宗教、习俗	可能与项目所在地群众的宗教信仰和风险习惯有冲突	否	不涉及
38	对沿线土地、房屋价值的影响	土地价值变化量和变化率、房屋价值变化量和变化率	否	本项目建成后畅通全线水运、提升航道等级，提升赣江水运服务保障能力，有利于改善地区交通环境，提升地区的区位优势，促进区域的土地和房屋价值的提升，故其引发社会稳定风险的可能性甚微
39	就业影响	项目建设、运行对周边居民总体就业率的影响和特定人群就业率的影响	否	项目的建设和运营过程中能提供较多的就业岗位，有利于促进沿线周边群众就业，项目的建设将加快沿线地区资源开发，促进经济的发展，提高当地群众的收入

续表

序号	风险因素	参考评价指标	特征风险因素	条款说明
40	群众收入影响	项目建设、运行对引起当地居民收入水平变化量和变化率,以及收入不均匀程度变化	否	
41	相关生活成本	项目建设、运行引起当地基本生活价格(水、电、燃气、公交、粮食、蔬菜、肉类等)的提高	否	项目建设会短期内引起流动人口的增长,并引起当地物价的上涨,但影响范围有限
42	对公共配套设施的影响	对教育、医疗、体育、文化、便民服务、公厕等配套设施建设、运行的影响	否	项目建设期间可能导致施工队伍及流动人口的无序涌入,需建设教育、医疗、体育、文化等配套设施,会增加该地区的公共配套设施的负荷,但影响较小,且影响范围较窄
43	流动人口管理	施工期流动人口变化、运营期流动人口变化对管理的影响	否	项目建设期间将有大量的外地施工人员进驻,大部分施工人员将在当地居住一段时间;项目建成后,有更多的船舶通航,也会增加一定的流动人口。当地政府在人口管理方面积累了一定经验,能有效处理好流动人口的管理
44	商业经营的影响	施工期、运营期对当地商业经营状况的影响	否	项目的建设能带来诸多商机,对当地商业经营利大于弊

续表

序号	风险因素	参考评价指标	特征风险因素	条款说明
45	对周边交通的影响	施工方案对周边人群出行交通的考虑,运营期项目周边公共交通情况变化,项目所增加的交通流量与周边路网的匹配度,对周边人群的生产生活的影响等	是	项目工程施工阶段,材料进场、运输细料或粉散落时容易产生扬尘、粉尘,污染空气的同时影响道路能见度,施工运输车辆可能在当地急剧增加,造成当地交通量加大,不仅会给交通管理工作带来一定压力,影响车辆正常通行,甚至会发生安全交通事故,造成人员伤亡,对社会造成不良影响。另外,项目周边道路是按标准车型、一定车流量设计的,道路行驶车辆中大荷载车辆比例越大,其计算车流量越大,使得道路坑洼受损,影响群众通行,引发纠纷,带来社会稳定风险
46	施工安全、卫生与职业健康	土方车和其他运输车辆的管理,施工和运行存在的危险、有害因素及安全管理制度,卫生与职业健康管理,应急处置机制,等等	是	由于施工现场周边道路条件较为复杂,土方车和其他运输车辆的管理难度较大,施工期和运营期存在较多的安全隐患
47	触电、车辆伤害、高处坠落、火灾、坍塌、机械伤害等生产安全事故	项目实施导致触电、车辆伤害、高处坠落、火灾、坍塌、机械伤害等安全事故发生的概率,是否有相关预案等	是	万安枢纽二线船闸工程涉及工程内容多,结构多样复杂,工程量大,相互交叉作业情况普遍,如发生电气设备老化、安全防护设施缺陷、安全管理不到位等情况,容易引发触电、车辆伤害、高处坠落、火灾、坍塌、机械伤害等事故,事故一旦发生,不仅会造成经济损失,还会导致人员伤亡事故,引发社会矛盾

续表

序号	风险因素	参考评价指标	特征风险因素	条款说明
48	社会治安和公共安全	施工队伍规模、管理模式，运行期项目使用人分析（使用人来源、数量、流动性、文化素质、年龄分布等）	否	项目施工期需要大量的施工人员，部分施工人员素质低下，而运营期也会带来大量的流动人口。一方面对当地经济发展和社会进步起到了积极的促进作用；另一方面对社会治安管理和控制造成了不小的压力。通过加强基层管理服务机构和队伍建设，建立外来人口管理协调小组等措施，加强对施工队伍和流动人口的管理工作，更好地为经济发展和社会稳定服务
49	社会对拟建项目的包容性及其相互适应性	与拟建项目直接相关的不同利益相关者对项目建设和运营的状态，包括项目所在地基层政府、社会组织、企事业单位和群众对项目建设实施的认可度（社情民意支持率）和包容度，拟建项目的建设实施和运营发展与所在地区的社会、文化等环境及其发展能否相互适应等	是	从个人问卷调查结果来看，调查的89人当中，有15人持反对意见，即16.85%的公众不支持项目的实施，从基层组织意见来看，各部门均表示支持和配合项目的实施，无明确的反对意见。如果没有充分了解群众的诉求，做好群众的解释工作，提高群众对项目建设实施的认可度（社情民意支持率）和包容度，将可能引发社会矛盾
50	媒体舆论导向及其影响	拟建项目是否获得媒体支持，是否协调安排有权威力、公信力的媒体公示项目建设信息、进行正面引导，是否受到媒体的关注及舆论导向性的信息	否	媒体对项目建设的意义以及预期带来的社会经济影响等进行了有关报道，其导向是正面而积极的，将正面引导公众积极支持和参与项目的建设

续表

序号	风险因素	参考评价指标	特征风险因素	条款说明
51	历史上遗留的社会矛盾	拟建项目建设所在地区历史上类似项目建设曾经引发的社会稳定风险、历史上遗留的社会矛盾	是	对土地房屋权属、乡村道路、水系、电力等设施造成了一定破坏,但是施工完没有及时修复等一些至今仍然没有解决的遗留问题,这些遗留问题村民现在仍时常关注和询问,对社会的和谐与稳定构成威胁
52	项目建设敏感时点	拟建项目建设的主要节点与重要时期（党和国家及地区的重要节日、庆典、会议、活动等）之间的关系	否	项目建设工期为41个月,施工单位将合理安排项目工作进度计划,衔接好项目建设时序及敏感时点的关系,特别安排好节假日和两会、高考等敏感期间的施工组织工作

资料来源：《W 枢纽二线船闸工程社会稳定风险分析报告》，江西省华信投资咨询中心，2017 年 10 月。

二、风险评价

风险评价需要回答三个方面的问题：一是，什么时候会发生问题？二是，发生问题的可能性有多大？三是，后果是什么？并根据这三个方面的问题来锁定风险。一般而言，风险评价可以通过定性评价和定量评价进行（见图 3-2），定性的评价主要采取叙事的方法来描绘已识别的危险事件的发生频率以及可能的后果，而定量评价则是通过一定的数值来描述风险发生概率。这两种方法都是最为常见的方法。

/ 第三章 社会稳定风险评估的过程：评估程序与运行机制 /

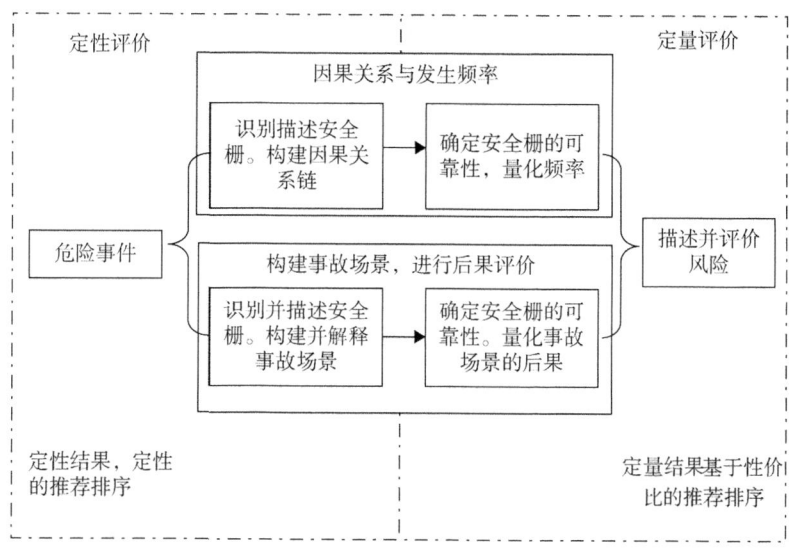

图 3-2　风险评价过程

资料来源：马文·拉桑德. 风险评估：理论、方法与应用 [M]. 刘一骝，译. 北京：清华大学出版社，2013：92.

当然，在社会稳定风险评估中，风险评价主要是基于风险源查找后，根据风险发生的频率来进行评价的。本书还是以"万安风险分析报告"为例来分析，上述表3-5中，列举了52类风险因素，比对参考评价指标后，被识别的风险因素有14类（见表3-6），调整合并后有7大类。

表 3-6　项目主要单风险评价汇总

序号	识别的风险因素	调整合并后的风险因素
W18	资金筹措与保障	资金筹措与保障
W7	土地房屋征收征用补偿资金	
W15	对当地的其他补偿	对当地的其他补偿
W3	规划选线（选址）	生态环境影响
W20	水体污染物排放	
W21	噪声和振动影响	
W23	水土流失	

续表

序号	识别的风险因素	调整合并后的风险因素
W34	文明施工和质量管理	文明施工及协调机制
W35	社会稳定风险管理体系	
W45	对周边交通的影响	对周边交通的影响
W46	施工安全、卫生与职业健康	安全生产
W47	触电、车辆伤害、高处坠落、火灾、坍塌、机械伤害等生产安全事故	
W 49	社会对拟建项目的包容性及其相互适应性	与社会互适性
W 51	历史遗留的社会矛盾	

根据调整合并后的 7 大类风险因素再进行类型化，变成了 7 种风险类型，并就每一种类型的发生阶段和风险特征进一步归类和分析，形成了特征风险因素识别表（见表 3-7）。

表 3-7 特征风险因素识别表

序号	风险类型	风险因素	发生阶段	风险特征
1	技术经济	资金筹措和保障	准备、实施	短期、间断性影响
2	土地房屋征收补偿	对当地的其他补偿	实施、运营	短期、间断性影响
3	生态环境影响	生态环境影响	实施、运营	实施阶段——短期、间断性影响；运营阶段——长期、持久性影响
4	项目管理	文明施工及协调机制	准备、实施	短期、间断性影响
5	经济社会影响	对周边交通的影响	实施、运营	短期、间断性影响
6	安全卫生	安全生产	实施、运营	短期、间断性影响
7	与社会互适性	与社会互适性	准备、实施、运营	长期、持久性影响

注：风险发生阶段包括前期决策、准备、实施和运营四个阶段；风险特征包括长期影响或短期影响、持久性影响或间断影响。

不同类型的风险，发生阶段是不一样的，有的可能发生在准备阶段，也有可能发生在运营阶段（见表3-8），防范措施需要根据不同的风险因素制订好不同的预案。

表3-8 项目不同阶段社会稳定风险关注度

风险因素	决策阶段	准备阶段	实施阶段	运营阶段
资金筹措和保障	☺	▲	▲	○
对当地的其他补偿	○	☺	▲	☺
生态环境影响	○	☺	▲	▲
文明施工及协调机制	○	☺	▲	○
对周边交通的影响	☺	☺	▲	▲
安全生产	○	☺	▲	▲
与社会互适性	▲	☺	☺	○

注：▲表示应该高度关注，☺表示一般关注，○表示本阶段该关注程度较低。

这样，经过上述几个环节，风险的识别阶段就完成了。值得一提的是，由于这一阶段工作量比较大，程序比较复杂，因而容易出现问题，特别是风险源查找环节容易出现简单化、碎片化的倾向。

第三节 社会稳定风险分析

风险分析是在识别的基础上，对收集到的数据进行定性与定量的分析，第一，需要确定目标和范围，明确决策要求，提供背景数据；第二，识别危险和威胁，识别危险事件；第三，确定危险事件原因和事件发生的频率；第四，构建事故场景，描述事件过程，确定事故后果；第五，建立并描述风险状况，报告分析结果。当然，这是风险分析的一般流程，但具体到社会稳定风险评估，其分析流程有些不同，下面将具体阐释。

一、单因素风险概率判断

按照国家发展改革委有关政策的要求，通过定量与定性的评价标准来判断单因素风险概率（见表3-9）、单因素风险影响程度（见表3-10）以及风险程度等级（见表3-11）。

表3-9 单因素风险概率评判参考标准

等级	定量评价标准	定性评判标准	表示
很高	81%~100%	几乎确定发生	S
较高	61%~80%	很有可能发生	H
中等	41%~60%	有可能发生	M
较低	21%~40%	发生的可能性很小	L
很低	0~20%	发生的可能性非常小，几乎不可能	N

表3-10 单因素风险影响程度评判参考标准

影响程度	定量评价标准	影响程度	表示
严重影响	81%~100%	在省内或更大范围内造成一定负面影响（社会稳定、形象等方面），需要通过长时间的努力才能消除，且付出巨大代价	S
较大影响	61%~80%	在省内造成一定影响（社会稳定、形象等方面），需要通过较长时间才能消除，并需付出较大代价	H
中等影响	41%~60%	在当地造成一定影响（社会稳定、形象等方面），需要通过一定时间才能消除，并需付出一定代价	M
较小影响	21%~40%	在当地造成一定影响（社会稳定、形象等方面），但可在短期内消除	L
可忽略影响	0~20%	在当地造成很小影响，可自行消除	N

表 3-11 风险程度等级

风险程度	定量评价标准	发生的可能性和后果	表示
重大风险	p×q>0.64	可能性大,社会影响和损失大,影响和损失不可接受,必须采取积极有效的防范化解措施	S
较大风险	0.64≥p×q>0.36	可能性较大,或社会影响和损失大,影响和损失是可以接受的,需采取一定的防范化解措施	H
一般风险	0.36≥p×q>0.16	可能性不大,或社会影响和损失不大,一般不影响项目的可行性,应采取一定的防范化解措施	M
较小风险	0.16≥p×q>0.04	可能性较小,或社会影响和损失较小,不影响项目的可行性	L
微小风险	p×q≤0.04	可能性很小,且社会影响和损失很小,对项目影响很小	N

根据《国家发展改革委重大固定资产投资项目社会稳定风险评估暂行办法》(发改投资〔2012〕2492),按项目社会稳定风险导致的后果的影响程度,分为三级:高风险,大部分群众对项目有意见、反应特别强烈,可能引发大规模群体性事件;中风险,部分群众对项目有意见、反应强烈,可能引发矛盾冲突;低风险,多数群众理解支持但少部分人对项目有意见,通过有效工作可防范和化解矛盾。

表 3-12 拟建项目社会稳定风险等级评判参考标准

风险等级	高风险 (重大负面影响)	中风险 (较大负面影响)	低风险 (一般负面影响)
总体评判标准	大部分群众对项目实施有意见、反应特别强烈,可能引发大规模群体性事件	部分群众对项目实施有意见、反应强烈,可能引发矛盾冲突	多数群众理解支持但少部分人对项目有意见,通过有效工作可防范和化解矛盾

续表

风险等级	高风险 (重大负面影响)	中风险 (较大负面影响)	低风险 (一般负面影响)
可能引发风险事件评判标准	如冲击、围攻党政机关、要害部门及重点地区、部位、场所,发生打、砸、抢、烧等集体械斗、聚众闹事、人员伤亡事件,非法集合、示威、游行、罢工、罢市、罢课,等等	如集体上访、请愿、发生极端个人事件、围堵施工现场,堵塞、阻断交通,媒体(网络)出现负面舆情,等等	如个人非正常上访、静坐、拉横幅、喊口号、散发宣传品、散布有害信息等
风险事件参与人数评判标准	200人以上	20~200人	20人以下
单因素风险程度	2个及以上重大或5个及以上较大单因素风险	1个重大或2~4个较大单因素风险	1个较大或1~4个一般单因素风险
整体风险指数评判标准	>0.64	0.36~0.64	<0.36

注：综合考虑上述条件后确定项目总体风险等级,一般只要满足其中一项就可以判定为相应的风险等级。

二、单因素风险估计

厘清了风险的类型以及风险的评估方法后,接下来就要对单因素风险进行估计。本书以"万安风险分析报告"为例,根据表3-8风险的7大类型,逐一进行风险估计。

(一) 资金筹措和保障

在资金筹措和保障方面,比如,W枢纽二线船闸工程总投资估算为225173.79万元,其中,工程费用为169504.17元,工程建设其他费用为36242.81万元,预留费用为19426.81万元。项目投资较大,而且其建设和运营具有长期性和不定性的特点,对资金链要求较高,资金来源、数量以及是否得到落实关系到人民群众的切身利益,关系到项目的成败。项目建设单位江西省港航建设投资有限公司实力很强，公司主要从事航电枢纽、港口、航道、船闸、物流等港航基础设施的建设、投资与运营管理，以及水资源综合开发利用、水电建设、发电及其他批准的业务，注册资本金为 6.1 亿元。而同时，项目资金筹措方案、支付流程还不明确，如资金筹措方案可行性不强，建设资金方面不能按计划到位，资金的使用不公开、不透明，出现挤占挪用、截留、拖欠征地拆迁款、拖欠农民工工资等资金管理不善的情况发生，如因资金筹措没有及时到位、上级资金下拨延缓及缺乏与万安水电站、临时征地群众的沟通等因素，万安县水电厂在签订拆迁协议后较长一段时间仍未领到补偿款，会造成抵触和不满情绪，而引发群体冲突事件；施工单位未及时获得工程款而长时间拖欠农民工工资，引发农民工不满造成罢工、阻工等现象，不但会影响项目建设的顺利进行，如延迟工期、降低施工质量等后果，也可能导致受征地拆迁影响群众、农民工等产生过激行为。如 2015 年北海市南京路（江苏路至金海岸大道），原计划作为续建工程列入市 2015 年的"四定"项目，由市城投公司作为项目业主负责实施建设，但是因投资方的资金不足导致项目建设进展缓慢，引起社会不满。

综上所述，项目投资较大，而且其建设和运营具有长期性和不定性的特点，对资金链要求较高，资金来源、数量以及是否得到落实关系到人民群众的切身利益，关系到项目实施的成败。另外，项目具体的资金筹措方案还未确定，其资金的筹措和保障存在一定的风险，发生风险的概率为中等，风险影响程度为中等，故综合判断该单因素风险程度为一般风险。

（二）对当地的其他补偿

项目建设不可避免需设置临时便道和生活设施，临时征地 928.92 亩，占用大量的临时用地，施工时，施工运输货车属于大荷载车辆，极易对周边道路造成破碎，道路网应变能力差。由于约束机制不够，项目建设施工完成后，施工承包商未完成对周边交通道路占用而损坏的路基路面修复承诺；未对损毁村民林木及庄稼、农田水渠、建（构）筑物等生产生活设施给予合理补偿和修复；未对临时占用土地未进行复耕复种复绿，会造成周边村民意见大，且村民难以维权，尤其是施工单位与地方群众、基层组织、敏感单位之间因工作方式、信息沟通等问题，进而导致矛盾激化，扩大对社会的不良影响。如昌吉赣高铁万安段，大量通行的施工运输货车造成沿线道路路面受损，严重影响道路安全和畅通，当地群众严重不满。

综上所述，项目的实施不仅会影响当地基础交通路网，也可能会损毁林木及庄稼、农田水渠等生产生活设施，对附近居民产生不利影响。从船闸工程建设已有经验来看，建设单位一起与施工单位对项目施工破坏的生产生活设施进行核对，与受损群众进行协商，并给予合理的补偿，因此，本项目对当地的其他补偿导致社会稳定风险的概率较高，若风险一旦发生，需要一定时间才能消除，其风险影响程度为中等，故综合判断其风险程度为一般风险。

(三) 对生态环境的影响

根据本项目特点可知，本项目在噪声污染方面的影响主要产生在施工期和运营期两个阶段，并且这两个阶段的影响不尽相同。施工噪声对环境的影响一方面取决于声源及其作用时间，另一方面与周围敏感点分布及其与声源间的距离有关。施工期噪声影响主要包括声源为围堰施工、船闸基础开挖、混凝土填筑施工机械噪声和运输交通噪声。由于本项目施工区周边 200 米以内无集中居民区，施工噪声是短暂的，且具有分散性，施工期噪声影响将随着施工结束而消失，一般能被民众接受。

运营噪声对环境的影响。船舶发动机一般配置相应的消声器，航行产生的噪声较小，主要为流动声源。运营期船舶过闸产生的噪声较小，对声环境功能影响不大。但船舶鸣笛、现场指挥作业广播喇叭噪声具有间歇性、突发性特点，对声环境影响较大。如果不按船舶航运的有关规定使用，随意鸣笛或使用喇叭指挥，将影响周边群众的生活。

水体污染物排放对环境的影响。施工期的污水来源主要包括施工船舶污水、施工生产废水和施工人员的生活污水。施工船舶污水主要为含油污水；施工生产废水则主要包括围堰基坑排水、各类冲洗废水和各种施工机械设备运转的冷却水及洗涤用水等。围堰基坑排水、各类冲洗废水含有大量的泥沙，各种施工机械设备运转的冷却水及洗涤用水则会有一定量的油污。施工期由于暴雨径流也会产生废水，这些废水虽然不是有毒有害污染物，但其中可能会含较多的泥土、砂石和一定的量的地表油污及化学物品，因此也会对环境带来一定的影响。生活污水是由于施工人员的生活活动所产生的，包括食堂用水、洗涤废水和厕所冲洗水，它们含有大量细菌和病原体，同样对环境也有影响。施工中除了基坑排水较大外，其他废水污水量不大，但如果处理不当或不经处理就直接排入水体，也会造成水体污染。废水中的有机物在河流底形成污泥层，易出现厌氧状态，恶化环境。

项目运营期废水主要包括船舶舱底油污水、船舶生活污水以及船闸工作人员的生活污水。船舶舱底油污水含油浓度较高，生活污水主要有污染因子 COD、BOD5 和 NH3-N，含有大量细菌和病原体。根据港航管理部门的要求，船闸过闸期间，禁止向水体排放船底油污水。船闸工作人员生活污水排放量少，且需经集中处理达标后排放，正常运营期间，对水体影响较小。但如果管理或监管不善，尤其是发生船舶碰撞、搁浅等交通事故就会引起油品泄漏，污染水体。

此外，经现场调查，万安水厂水源取水口位于大坝与一线船闸轴线交汇处的南侧，其取水管线经大坝—电厂厂区—万安县城道路—万安水厂。根据《饮用水水源保护区划定技术规范》的要求，水厂取水水源应属于一级保护区，取水口半径 500 米范围内的区域均应按一级保护区要求予以保护，水厂现状取水口与本项目距离较近，不满足规范的要求，容易受到项目污染物的影响。经与万安水厂方面沟通，万安水厂认为现状取水口取水管管径偏小，计划对取水口进行改建扩建。由于现状取水口距离一线船闸以及规划建设的二线船闸距离较近，未来将结合二线船闸的工程建设，将取水口迁改至船闸的上游，远离船闸位置。

在项目施工和运营过程中，若对水源保护区的污染防治措施不到位，各类废水未得到妥善的处理，如基坑排水未经处理直接排入水体，将使水体的悬浮物增加，污染水体，影响居民饮水安全。船舶发生交通事故引起的油品泄漏，泄露的油品漂浮于水面，使溶解于水的氧减少，会对下游水生生态产生影响，对浮游植物和动物也会产生影响，造成污染水域内鱼类急性中毒以及鱼类致突变性等。如果水厂没有及时搬迁取水口，也会导致有毒有害物质污染水源而进入饮水系统，影响居民身心健康，引发各种疾病甚至癌症，同时还会引发社会矛盾。

另外，本项目水土流失主要发生在施工期，项目建设施工改变了原有的地形地貌，破坏了地表植被，涉及开挖土石方约423万立方米，因涉及土石方量大，且所在区域属亚热带季风湿润气候，年降水量多，故易受雨水冲刷并极易造成严重的水土流失。项目施工将按照主体工程区、弃渣场区、施工生产生活区、施工道路区、专项设施复建区、移民安置区等分区进行水土流失防治措施设计。若项目建设过程未严格遵守水土保持相关法律、法规，不做好施工区尤其是弃渣场的水土保持工作，任意砍伐树木、破坏植被、在雨季进行土石方工程等，就很容易引发水土流失，影响附近地表水及农田。

综上所述，生态环境影响发生的概率中等，在一定时间可以消除，其影响程度为较大，故综合判断该风险因素程度为较大风险。

(四) 文明施工及协调机制

一是从以往船闸建设情况来看，由于施工单位安全文明意识不强，为节约成本，追赶工程进度，不按制定的安全文明施工措施施工。如忽视对车辆在运输过程中产生大量灰尘采取必要的措施，特别是在干燥天气，车辆在运输材料途中及在堆场拌料过程中，往往产生大量灰尘，影响行人和行车司机的视线，同时造成附近居民无法开窗、无法晾晒衣服；在施工时将废渣、基坑泥浆水直接排入附近水体内，导致河床升高河水受阻，水体混浊，引起群众反感；施工方为赶工程进度，连续通宵作业，往返施工车辆、各类机器作业产生的噪声扰民；乱拉施工管线，改移施工道路，造成大面积停水、停电；不注重施工安全管理，施工现场混乱，施工质量低下等不文明施工现象，极大地影响周边群众生产生活，特别是当与周边群众解释不当，拒不赔偿，蛮横处理时，容易引起周边群众反感，甚至发生冲突，导致群众投诉、阻工、上访甚至打砸工地。

二是施工组织和管理不当，开工时间安排不当，交通组织设计不完善，无法维持和保障原交通要道的服务水平及其与周边道路的连通性和可达性，容易造成高峰时段的拥堵。此外，若在项目建设施工过程中缺乏施工协调机制，建设单位和当地政府如果没有充分沟通，且当地政府不积极协调，对社会稳定风险没有充分认识，没有建立社会稳定风险管理责任制、联动机制以及制订相应的应急处置预案，容易引发施工人员与当地居民发生利益冲突，导致发生聚众斗殴的群体性事件的可能性较大。

综上所述，由于项目建设过程较为复杂，施工管理难度较大，如果出现不文明施工行为，容易出现与周边群众产生矛盾、安全事故和施工质量风险。考虑到建设单位建设、运营经验丰富，管理机制成熟，项目在建设过程中将严格制订施工组织方案、质量保证体系，确保按时按质高标准完成建设任务。因此，文明施工及协调机制引发的社会稳定风险发生概率及影响程度均为中等，综合风险程度为一般风险。

（五）对周边交通的影响

二线船闸位于万安县城上游 2 公里处，施工期出入货车流量较大，其工程的施工对周边交通产生一定不利影响。一方面，由于项目工程施工阶段，材料进场、运输细料或粉散落时容易产生扬尘、粉尘，污染空气的同时影响道路能见度，施工运输车辆可能在当地急剧增加，造成当地交通量加大，不仅会给交通管理工作带来一定压力，影响车辆正常通行，甚至会引发安全交通事故，造成人员伤亡，对社会造成不良影响。另一方面，项目周边道路是按标准车型、一定车流量设计的，道路行驶车辆中大荷载车辆比例越大，其计算车流量越大，对道路的疲劳性损害就越大，若大数量、大荷载车辆长时间通行，道路使用寿命将大大缩减。但是，项目建成后将畅通全线水运，提升航道等级，提升赣江水运服务保障能力，推进江西航运业发展，对于改善沿线区域交通环境具有重要意义。

综上所述，项目的实施不仅会影响周边交通出行，也有利于提升赣江水运服务保障能力，推进江西航运业发展，从目前新建船闸工程建设经验来看，会制订好交通疏解方案并做好周边集疏道路的建设工作，因此，本项目由交通影响而导致社会稳定风险的概率为较高，但影响程度为中等，综合判断其风险程度属于一般风险。

（六）安全生产

枢纽二线船闸工程涉及工程内容多，结构多样复杂，工程量大，相互交叉作业情况普遍，施工和运营的复杂性和管理工作的困难性使项目施工和运营的事故具有严重性、复杂性、多发性和可变性的特点。在施工和运营过程中，如发生电气设备老化、安全防护设施缺陷、安全管理不到位等情况，容易引发触电、车辆伤害、高处坠落、火灾、坍塌、机械伤害等事故，主要表现为：①在春夏之际多雨、潮湿、高温季节涉及电气的设备或场所易发生人身触电事故。在生产过程中各类用电设备如接地、接零保护失效、电气设备本身的缺陷或者由于带电部位裸露、电缆电线的腐蚀导致绝缘层被击穿而漏电等原因均有可能引发触电事故；作业人员未能按照电气作业安全规程进行操作、操作失误也可能导致人员触电。特别是在检修时因安全组织措施或安全技术措施不完备、防护设施缺陷、不严格遵守安全操作规程都会有触电的危险。②运转的转动设备、施工车辆等作业时的机械部件或工具均有可能与人体发生接触，从而可能引起的夹击、碰撞、卷入、割刺等机械伤害。③如果遇到船舶碰撞、基坑开挖防护不稳定、违章操作、风浪较大、自然灾害等情况，有可能造成船闸坍塌事故。事故一旦发生，很可能造成经济损失和人员伤亡，引发风险。④由于设计缺陷、违章操作、自然灾害等原因，造成船舶碰撞引起船舶破损、物料泄漏甚至造成人员溺水、燃烧爆炸、沉船事故。事故一旦发生，也很可能造成经济损失和伤亡，引发风险。例如：2015年5月30日凌晨3时50分左右，圣大299（空船）在刘山船闸上游引航道内偏南岸200米处，与停靠南岸待闸准备过闸的鲁济宁拖0959（空船）第五档驳船鲁济宁驳10418（空船）右舷船前单脚发生碰撞，造成圣大299一名瞭望人员（站在船首左侧）落水溺亡。项目建设单位委托具有法律法规规定资质的安全评价机构对本项目进行安全评价，并制订相应的安全生产事故应急救援预案，将项目发生的安全生产事故造成的损失和影响降至最小限度。

可见，项目生产安全具有范围广、类型多等特点，但是考虑到项目将从各方面采取的相应的安全措施，并委托具有法律法规规定资质的安全评价机构对本项目进行安全评价，制订相应的安全生产事故应急救援预案，因此其安全生产风险发生概率为中等，事故一旦发生，风险影响较大，故综合判断该风险程度为一般风险。

(七) 与社会互适性

万安船闸是千里赣江第一闸，闸室有效尺寸为175米×14米×2.5米，年通过能力为265万吨，通过能力较低，已经成为赣江通航发展的瓶颈。为畅通全线水运，提升赣江水运服务保障能力，实现2020年赣江全线Ⅲ级航道通航的目标，拟在万安枢纽建设二线船闸。W枢纽二线船闸的建设与《江西省"十三五"综合交通运输体系发展规划》相符，已列入《江西省国民经济和社会发展第十三个五年规划纲要》的交通重点工程，得到了省、市、县各级政府的大力支持。本项目正严格按规定程序开展项目立项和审批等各项前置性工作。根据货物流量流向分析及各港区与万安枢纽二线船闸区位关系，对万安枢纽二线船闸过坝货运量进行了预测，对水文、气象等建设条件进行了分析论证，已形成《W枢纽二线船闸项目工程可行性研究》。

同时，本项目通过填写基层组织意见表，以书面的形式征询万安县水力发电站、万安县环保局、万安县国土资源局等各职能部门和单位的意见，除万安县信访局没有明确表态外，其他单位和职能部门均表示愿意配合和支持本项目的实施。但从项目社会稳定风险分析个人问卷调查来看，接受调查的89人当中，有74人表示十分支持和有条件支持项目的实施，有15人持反对意见，说明有16.85%的公众不支持项目的实施。不支持项目的建设主要原因有：①认为目前航运萎缩，现有的一线船闸已基本无船舶通航，而且赣江水量不足，新建船闸使用率低，认为二线船闸没有必要建设。②项目建设影响万安水电站职工的出行、办公,也会影响水电站的经济效益。如果没有充分征求基层政府和群众的诉求,对项目建设必要性和可行性进一步论证,对提出质疑的群众,未做出合理的解释和回应,与基层政府和群众达不成共识,也会易使群众产生误解,造成不良的社会影响。③项目所在区域存在一些历史遗留问题,比如鲁下村4组和系头村3组有40亩土地存在权属争议;以前部分工程施工对道路、水系、电力等基础设施造成了一定破坏,但是施工完没有及时修复等,若这些历史遗留问题不能予以有效处理,则会埋下隐患,产生较大的社会风险,有可能引发群众阻挠本项目的实施,对社会的和谐与稳定构成威胁。

综上所述,如提出质疑的群众得不到合理的解释和回应,以及项目所在区域存在一些历史遗留问题,不能予以有效处理,都会给施工进度埋下隐患。可见,项目与社会互适性发生风险的概率很高,影响为中等,综合判断其风险程度为较大风险。

三、风险估计汇总

经过上述分析,需要对风险估计进行汇总,以最后甄别。首先,在风险概率方面,风险概率为很低的有0个,较低的为0个,中等的为4个,较高的为2个,很高的为1个。从概率来看,发生概率为中等及以下的风险因素占57%。其次,在影响程度方面,等级为严重的风险因素仅为0个,较大的为2个,中等的为5个,较小的为0个,可忽略的为0个。可见,没有影响程度严重的因素,若发生风险事件,其影响后果将不会特别严重。最后,在风险等级方面,在全部7个特征风险因素中,无重大等级的风险,较大风险为2个,一般的风险有5个,较小风险为0个。风险等级为一般及较小的风险因素占71%。(见表3—13)

第三章 社会稳定风险评估的过程：评估程序与运行机制

表 3-13 单风险因素估计汇总

序号	风险因素（W）	风险概率（%）(p)	风险影响（%）(q)	风险程度（p×q）
1	资金筹措和保障	58（中等）	52（中等）	0.302（一般）
2	对当地的其他补偿	66（较高）	50（中等）	0.330（一般）
3	生态环境影响	58（中等）	78（较大）	0.452（较大）
4	文明施工及协调机制	43（中等）	45（中等）	0.194（一般）
5	对周边交通的影响	65（较高）	52（中等）	0.338（一般）
6	安全生产	45（中等）	71（较大）	0.320（一般）
7	与社会互适性	82（很高）	52（中等）	0.426（较大）

采用风险综合评价法进行评判，在单因素风险分析的基础上，建立综合风险指数表，根据专家打分法确定每个单因素风险的权重统计结果，最终计算每个风险因素的风险指数，确定综合风险指数。（见表3-14）

表 3-14 初始综合风险指数计算

序号	风险因素（W）	风险权重（I）	风险程度（R）	风险指数（IR）
1	资金筹措和保障	0.18	0.302	0.0544
2	对当地的其他补偿	0.11	0.330	0.0363
3	生态环境影响	0.21	0.452	0.0949
4	文明施工及协调机制	0.08	0.194	0.0155
5	对周边交通的影响	0.11	0.338	0.0372
6	安全生产	0.12	0.320	0.0384

续表

序号	风险因素（W）	风险权重（I）	风险程度（R）	风险指数（IR）
7	与社会互适性	0.19	0.426	0.0809
合 计		1		0.3576

综上所述，项目整体风险估计指数为 0.3576<0.36，属于低风险范围，发生 200 人以上规模群体事件发生概率相对较小，而发生一般性群体事件概率较大。与此同时，项目涉及 2 个较大和 5 个一般单因素风险。因此，对照社会稳定风险等级评判参考标准，在未考虑报告提出的风险对策措施的前提下，该项目社会稳定风险程度属于中风险。

第四节　社会稳定风险的防范措施

一、防范的举措

经过上述几个步骤，发现该项目属于中风险，需要采取措施以降低社会稳定风险发生的概率，达到低风险方可通过评审。因此，需要采取一定的措施。本书还以"万安风险分析报告"为例，对上述项目，根据风险的因素，一一采取化解的措施（见表 3-15）。

表 3-15 风险防范措施汇总

序号	风险因素（W）	发生阶段	主要预防和化解措施	实施时间和要求	责任单位	协助单位
1	资金筹措和保障	准备、实施	要求通过信任度比较高的第三方的各类资金承诺函和支持函；实行工程总价招标，选择有类似施工经验、有强大经济实力的工程承包商；建立征地拆迁补偿资金的发放使用台账检查制度和信息公开制度；加强补偿资金的管理工作，实行专户储存、专账核算、专款专用；加强资金审查工作建立资金使用公开制度，在各级政府公共宣传栏进行公示，接受群众的监督；对出现工程款、拆迁款下拨延缓的情况，要与相关负责人沟通处理	2017年12月底前相关资金到位	港航设计院	咨询公司
2	对当地的其他补偿	准备、实施	对周边民众私有财产的破坏，应按照市场价格或者修复维护价格合理赔偿，若存在条件能及时修复的，应尽力协助民众进行修护；对农村道路、农田水渠等公共基础设施产生破坏的，应进行及时修复并进行一定的补偿，修复完工后，请当地村民代表参与验收检查，并预留一定的修复工程质量保证金；对项目施工运营过程中产生的粉尘、尾气、施工和交通噪声等影响程度进行评估，对影响较大范围的进行合理的补偿等	2018年3月底前完成	港航设计院	W县人民政府

续表

序号	风险因素（W）	发生阶段	主要预防和化解措施	实施时间和要求	责任单位	协助单位
3	生态环境影响	实施、运营	施工期间，采用低噪声的施工机械和先进的施工技术，合理安排施工时间、布置噪声声级高的施工机械和选择运输线路，做好施工机械的维护保养。在水污染排放上，施工生产废水经过沉淀处理后，尽量作为施工用水的一部分重复使用。工作人员生活污水按照规定处理后送农田用于作物浇灌。船闸过闸期间，禁止向水体排放船底油污水；船闸工作人员排放生活污水经纳入污水处理系统集中处理后排放；设置相应的应急救援工作小组，并建立与万安水厂的风险应急联动机制并建立与万安水厂的风险应急联动机制。一旦发生突发溢油环境事件时，应立即通知万安水厂，同时向当地海事、环保、港务等部门报告，与相关部门协同采取应急减缓措施；对于项目所占用的临时用地，应及时做好土地复垦工作，土地复垦后应恢复至原有的地形地貌，满足植被种植要求和水土保持要求	2018年12月—2020年5月	港航设计院、施工单位	W县环保局
4	文明施工及施工协调机制	实施、运营	通过公开招标选择有实力的专业单位进行工程设计、施工、监理等，在委托的合同中明确防止社会稳定风险的职责条款和采取防止风险的措施；在项目实施过程中严格执行各项管理制度，落实各项文明施工措施；施工结束后，做好临时施工便道、弃渣场、料场等临时工用地的恢复工作，对于未恢复好临时施工用地恢复工作便撤离的施工承包商，应从质量保证金中拿出一定比例用于当地临时施工场所恢复的补偿；在施工现场成立文明施工小组，对现场文明施工进行监督、检查、指导，并及时处理与村民的纠纷，预防风险的发生	2017年9月—2020年5月	施工单位	W县人民政府

续表

序号	风险因素（W）	发生阶段	主要预防和化解措施	实施时间和要求	责任单位	协助单位
5	对周边交通的影响	实施、运营	加强施工管理，文明施工，制订交通组织方案；加强项目施工管理，加快施工进度，缩短施工场地占道时间，合理设置施工车辆的运输线路，尽可能选择交通量相对较小的道路，避免施工车辆进出高峰与相邻道路交通高峰重叠；根据实际情况可以考虑扩建运输通往施工现场的旁道，提高道路的通行能力	2018年3月—2021年5月	施工单位	W县人民政府
6	安全生产	实施、运营	按照国家相关标准和规范做好项目船闸及生产生活附属设施的防风、防震、防火、防电、防雷等相关设计；利用安全知识竞赛、安全咨询日和分发安全知识卡片等活动和手段，加强工作人员的安全施工意识；建立完善的生产安全运行管理体制，包括生产安全管理、设备操作规程、机械设备巡查制度等；制订台风、暴雨、火灾、爆炸等各种事故情况下的应急救援预案和措施，并定期进行应急事故预案及对策演练	2018年3月—2021年5月	施工单位	港航设计院
7	与社会互适性	准备、实施	加大项目建设的相关信息的公示和宣传；针对群众片面的认知进行正确引导和疏导，使项目的实施最大限度地满足周边群众的诉求；为了妥善解决项目所在区域历史上遗留的社会矛盾，建议成立解决万安县历史遗留问题工作领导小组，制订历史遗留问题专项整治工作方案	2017年12月底完成	港航设计院	W县人民政府
8	其他		构建W枢纽二线船闸工程社会稳定风险应急体系，正确引导舆论导向	2017年12月前完成	W县人民政府	港航设计院

二、防范措施的可行性和有效性

上述措施是否可行,还需要对其进行评估,业主单位需要拿出足够的证据来说明措施的有效性和可行性。

(一) 资金筹措和保障

通过信任度比较高的第三方的各类资金承诺函和支持函;实行工程总价招标,选择有类似施工经验、有强大经济实力的工程承包商;建立征地拆迁补偿资金的发放使用台账检查制度和信息公开制度;加强补偿资金的管理工作,实行专户储存、专账核算、专款专用;加强资金审查工作建立资金使用公开制度,在各级政府公共宣传栏进行公示,接受群众的监督;对出现工程款、拆迁款下拨延缓的情况,与相关负责人沟通处理。使补偿资金能得到有效保障并及时发放,在切实落实风险防范措施的前提下,由资金筹措和保障引发风险的发生概率、影响程度和风险等级都将有所下降。在对策措施切实落实前提下,由其引发风险的发生概率和影响程度将会随之下降,资金筹措和保障风险程度由较大风险下降为一般风险。

(二) 对当地的其他补偿

在本项目施工过程中对周边民众私有财产的破坏,应按照市场价格或者修复维护价格合理赔偿,尽力协助民众进行修护;对农村道路、农田水渠等公共基础设施产生破坏的,及时修复并进行一定的补偿,修复完工后,请当地村民代表参与验收检查,并预留一定的修复工程质量保证金;对项目施工运营过程中产生的粉尘、尾气、施工和交通噪声等影响程度进行评估,对影响较大范围进行合理的补偿等。在施工期间,应尽量减少噪声,做好抑尘工作。所以对当地的其他补偿由一般风险下降为较小风险。

(三) 对生态环境的影响

施工期间,采用低噪声的施工机械和先进的施工技术,合理安排施工时间、布置噪声级高的施工机械和选择运输线路,做好施工机械的维护保养;在水污染排放上,施工生产废水经过沉淀处理后,尽量作为施工用水的一部分重复使用,工作人员生活污水按照规定处理后送至农田用于作物浇灌,船闸过闸期间,禁止向水体排放船底油污水;船闸工作人员排放生活污水经纳入污水处理系统集中处理后排放,设置相应的应急救援工作小组,并建立与万安水厂的风险应急联动机制。一旦发生突发溢油事件时,应立即通知万安水厂,同时向当地海事、环保、港务等部门报告,与相关部门协同采取应急减缓措施;对于项目所占用的临时用地,应及时做好土地复垦工作,土地复垦后应恢复至原有的地形地貌或比原有更改善的状况,满足植被种植要求和水土保持要求。采取措施后能够有效地控制施工过程中产生的噪声、废水,同时预防水土流失。另外,对生态环境影响引发的风险概率也将有所降低,但还是项目的主要风险点,具体情况还要看施工方的落实情况。其风险影响程度还是较大风险。

(四) 文明施工及施工协调机制

通过公开招标选择有实力的专业单位进行工程设计、施工、监理等,在委托的合同中明确防止社会稳定风险的职责条款和采取防止风险的措施;在项目实施过程中严格实行各项管理制度,落实各项文明施工措施;施工结束后,做好临时施工便道、弃渣场、料场等临时施工用地的恢复工作,对于未恢复好临时施工用地恢复工作便撤离的施工承包商,应从质量保证金中拿出一定比例用于当地临时施工场所恢复的补偿;在施工现场成立文明施工小组,对现场文明施工进行监督、检查、指导,并及时处理与村民的纠纷,预防风险的发生。在对策措施切实落实前提下,引发文明施工及施工协调机制的影响的发生概率和影响程度将会随之下降,风险程度由一般风险下降为较小风险。

(五) 对周边交通的影响

针对周边交通的影响引发的社会风险,加强施工管理,文明施工,制订交通组织方案;加强项目施工管理,加快施工进度,缩短施工场地占道时间，合理设置施工车辆的运输线路，尽可能选择交通量相对较小的道路，避免施工车辆进出高峰与相邻道路交通高峰重叠；根据实际情况可以考虑扩建运输通往施工现场的旁道，提高道路的通行能力，能有效降低项目建设与运行对万安水电站员工工作出入的影响，降低风险发生的概率，其引发风险影响程度将会随之下降，风险程度由一般风险降为较小风险。

(六) 安全生产

万安水电站二线船闸工程涉及内容多，施工工程量大，相互交叉作业情况普遍，在施工和运营过程中，要特别注意安排相关人员进行电气设备老化、安全防护设施的检查，能够避免因设备问题出现的安全事故；按照国家相关标准和规范做好项目船闸及生产生活附属设施的防风、防震、防火、防电、防雷等相关设计；利用安全知识竞赛、安全咨询日和分发安全知识卡片等活动和手段，加强工作人员的安全施工意识；建立完善的生产安全运行管理体制，包括生产安全管理、设备操作规程、机械设备巡查制度等；制订台风、暴雨、火灾、爆炸等各种事故情况下的应急救援预案和措施，并定期进行应急事故预案及对策演练。风险程度仍为较小风险。

(七) 与社会互适性

在施工前期加大对项目建设的相关信息的公示和宣传；针对群众片面的认知进行正确引导和疏导，使项目的实施最大限度地满足周边群众的诉求；为了妥善解决项目所在区域历史遗留的社会矛盾，成立解决万安县历史遗留问题工作领导小组，制订历史遗留问题专项整治工作方案。采取措施后，能够与群众和基层组织达成一致，风险程度由较大风险降低为一般风险。

这样，采取措施前后风险就发生了变化（见表3-16），采取措施后的风险为低风险，达到社会稳定风险控制的要求。

表 3-16　采取措施后单风险因素程度汇总

序号	风险因素（W）	风险概率（p）		风险影响（q）		风险程度（p×q）	
		措施前	措施后	措施前	措施后	措施前	措施后
1	资金筹措和保障	较高	中等	较大	中等	较大风险	一般风险
2	对当地的其他补偿	较高	中等	较大	中等	一般风险	较小风险
3	生态环境影响	较高	中等	中等	中等	较大风险	一般风险
4	文明施工及施工协调机制	中等	较低	中等	中等	一般风险	较小风险
5	对周边交通的影响	中等	较低	较小	较小	一般风险	较小风险
6	安全生产	中等	较低	中等	较小	一般风险	较小风险
7	与社会互适性	中等	较低	较大	一般	较大	一般

以上用两个案例比较详细地阐释了社会稳定风险评估的一般流程和运行机制，当然，针对不同的决策和项目，侧重点有所不同，但需要遵循基本的程序。相比较而言，项目决策重大公民参与问题是评估中重点关注的问题，因为，这不仅涉及科学、民主决策，而且关系到是否能减少风险源的问题。从这两个实际案例来看，在风险调查和风险分析阶段均存在一些问题，比如，风险调查的方法采用、样本量等，与社会科学有一定的距离，风险的分析以及采取的措施是否具有可行性，需要在实践中进行检验。但两个案例，给我们呈现了当前中国社会稳定风险评估的一般程序，为我们了解社会稳定风险评估提供了鲜活的案例。

第四章
社会稳定风险评估中的权力与规则

在第三章，本书结合几个案例就社会稳定风险评估的程序做了比较详细的阐述，旨在说明当前中国的社会稳定风险评估是如何做的问题。当然，仅仅停留在此是不够的，这不能进一步揭示社会稳定风险评估所隐藏的逻辑，从而就难以理解社会稳定风险评估的真正问题之所在。如第二章所述，社会稳定风险评估的过程涉及多个权力主体的博弈过程，交织着权力与规则的相互渗透，相互嵌入的过程。基于此，本章将结合案例进一步分析社会稳定风险评估过程中的权力与规则，以及它们是如何驱动社会稳定风险评估的。

第一节 社会稳定风险评估中的权力主体

社会稳定风险评估中的权力主体是多种多样的，既有国家或地方政府部门，又有中介组织、专业咨询机构，还有项目涉及的业主单位，甚至利益相关者也在某种条件下能够成为权力主体。由于它们所占有的资源不一样，因而它们拥有的权威、合法性话语权等也不同，而它们的角色扮演又会影响到评估的结果，因而，需要进一步分析。

一、社会稳定风险评估权力主体的类别

介入社会稳定风险评估的主体比较多，如果按照在评估过程中的角色来分，至少可分为评估的委托主体、实施主体、监督主体和参与主体（见表4-1）。❶

表4-1　权力主体的类别、权力与责任

权力主体类别	具体对象	拥有的权力	承担责任
评估委托主体	国家发展改革委、省发展和改革委员会；项目所在地的党委政府及相关部门	决策权	督促相关部门评估
评估实施主体	项目所在地的地方党委与政府及相关部门；项目单位（业主单位）；中介结构（评估咨询机构）	执行权	实施评估，编制社会稳定风险评估报告
评估监督主体	项目所在地的地方党委政府相关部门、维稳办、国土局、环保局、信访局、纪检监察部门等	监督权	监督评估的过程
评估参与主体	基层组织、专家、社会组织、利益相关群众代表等	参与权、知情权	参与评估，表达诉求

评估的委托主体主要是项目的决策批准机构，国家发展和改革委员会（简称国家发展改革委）的职责之一就是承担规划重大建设项目和生产力布局的责任，安排中央财政性建设资金，按国务院规定权限审批、核准、审核重大建设项目、重大外资项目、境外资源开发类重大投资项目和大额用汇投资项目。❷ 国家发展改革委拥有项目的决策权，对重大项目的投资拥有审批和核准的权力。因此，发展改革委是主要的评估委托主体，也负有监督项目实施的职责。评估的实施主体则主要是项目所在地的地方党委政府以及相关职能部门，它们是项目的申请者，也是实际执行者，按照

---

❶ 朱正威，白鹭，黄杰. 重大项目社会稳定风险评估的主体、权力与责任——基于文本分析与个案研究的初步证据 [J]. 甘肃行政学院学报，2015（4）：72-83.

❷ 参阅国家发展与改革委员会网站，http://www.ndrc.gov.cn/。

"谁决策，谁评估"的原则，需要对项目带来的社会稳定风险负责。监督主体主要包括项目所在地的党委政府，也包括与社会稳定风险有关的职能部门，比如维稳办、信访局等，它们主要关心项目可能引发的社会稳定风险问题，因而对项目实施过程进行全程监督，要求按照既定的程序操作，防止风险的出现。参与主体主要包括基层组织和利益相关者，它们是切实利益的直接关联者，也是社会稳定风险的源头，法律赋予它们的知情权和参与权，但如何为它们提供参与的机会和限制，与社会稳定风险有直接的关联。

二、各权力主体的运行与支配

由于不同的权力主体所拥有的权力不一样，因而其权力运行的轨迹也有差异，而背后又跟它们所掌握的信息有直接关系。

（一）评估委托主体的权力运行

如上所述，重大项目或工程的评估委托主体是国家发展改革委或省级发展和改革委员会及对应的相关部门，它们拥有对重大项目的审核、批准权力，因而，其权力运行的轨迹是由上向下的，但不直接参与社会稳定风险的评估，而是委托给其他主体进行，对项目拥有最后的决策权，在权力结构中具有支配地位。

委托主体的权力支配地位表现在它是权力的委托方，是对被委托者权力的授予，被委托方则需要在委托方确定的权力范围内运行，它们之间的关系是一种委托—代理关系。当然，代理方常常会利用相互之间的信息不对称，来扭曲这种关系，从而影响权力的良性运行。为了尽可能遏制这种现象的出现，委托方常常会设置边界，并通过构建责任追究机制的办法来予以实施。即便如此，代理方常常会利用自身的信息优势，获取自身利益的最大化，规避风险，因此，在委托者与代理者之间，应构建其信息的流通机制，避免因信息不对称而导致道德风险等问题。委托方常常采取激励与追责并重的方式来约束代理方的行为。

（二）评估实施主体的权力运行

评估的实施主体是受委托主体的委托，因而也可视为代理方，由于代理方是具体实施的一方，面对的是具体的问题，因此，需要更多的自由裁量权空间，以便能更灵活处理与地方利益相吻合的问题事项。对实施主体而言，其理想的目标是：希望能在不违背委托方约定的范围内行事，不触及地方的利益，不出现牵一发而动全身的行为。比如，委托方希望项目不能够损害群众的利益，不能出现社会稳定风险事件，代理方在遵循这个基本原则的前提下，不希望群众以此来"绑架"当地政府，因而代理方在执行过程中，或许会夹带一些"私活儿"，但必须以不破坏地方政治生态平衡为底线，比如在补偿标准方面，必须遵循原有的规则，即使本项目有条件满足群众提出的高补偿标准的要求。

由此，实施主体的权力运行是双向的，既要接受上级的委托，又要向下进一步传递，处在中介的位置。当然，为了维持系统的正常运转，实施主体需要在上下之间保持动态的平衡，即需要处理上下之间的权力关系，保持政治限制与机遇之间的平衡。在实际行动中，实施主体一方面会借助于委托方的旗号，充分利用其资源来完成权力的渗透，以确保目标能够实现；另一方面会以获取合法性资源为目标，对自己自由裁量权的扩大寻找借口。不过，保持二者的平衡是困难的，因为信息的不对称，使得委托方难以对代理方实施有效的监控，而激励机制又难以到位。诸多经验表明，社会稳定风险的出现，往往与代理方行为超越权力的边界有直接关系。因此，从这个意义上说，实施主体的权力运行逻辑总是游离在上下之间，偏好于自身利益的最大化。尽管在权力结构体系中，不具有支配地位，但因在信息方面的优势，在执行过程中偏向于单向的权力运行。

（三）评估监督主体的权力运行

评估监督主体主要是指监督实施主体权力运行的一方，以防止权力越过既定的范围和边界。通常情况下，监督主体的权力来源既有上级部门的授予，也与其职责相匹配内生性的来源，但由于监督主体的权力不具有支配性的地位,在与实施主体的关系中,难以对其实行"一票否决"的制约,影响到监督的效率,而且很多场合是象征性的。比如,纪委监察部门,是权力的重要监督主体,它们对实施主体的监督是在其职责范围之内的,即不能出现以权谋私,渎职的行为,如果超出了职权范围之外,其监督行为就变成了象征性的。又如,综治办、信访部门,其主要职责是防止群体性上访或群体性事件的发生,因而其监督的主要内容是看实施主体的行为是否会导致群体性的上访,如果有可能,则会要求实施主体的行为限制在一定的范围之内。因此,监督主体的权力运行是在确定性的范围之内活动的。

即便如此,由于法律赋予其法定的监督权,在触及其自身利益的时候,也会加大其监督的力度,从而维护自身的形象,恪守底线。比如,作为监督主体的国土局,法律赋予其职责就是要保护土地,防止土地资源流失。任何项目上马,需要通过国土局的用地预审,因而它的监督对象则主要是否符合用地手续,征地是否符合国土的法律法规。可见,监督主体的权力运行具有相对的独立性,这种独立性在一定程度上能够遏制执行主体的权力随意扩张行为。当然,由于监督主体的职责需要监督项目的全过程,因而信息影响其监督权力实施的效率。同样,为了尽可能地发挥它的作用,监督主体也会采取各种方式来获取足够多的信息,改变与实施主体之间的信息不对称情况,最大限度地确保权力运行的通畅。

(四) 评估参与主体的权力运行

评估参与主体主要是基层组织和利益相关者,其权力来源主要是上级权力机构授予的,比如,在国家有关社会稳定风险评估的政策文件中,就有要求基层组织、利益相关者等主体参与其中,使其有足够的利益表达机会。

与其他主体相比,参与者的权力是无足轻重的,因为这部分群体没有足够的资源来强制推行,至多可以通过集体性抗争来与执行主体等形成对话机会,从而集聚自己的力量。当然,参与者也可利用"弱者的武器"来争取自身的权益,但具有一定的政治风险,因而不具有长效性。从这个意义上看，参与主体的权力运行是由下自上的，通过影响的方式来约束实施主体的行为。在权力结构关系中，参与者不具有支配地位，至多扮演从属的角色，但它们的行为可以影响实施主体，而且参与者主体又往往是潜在的社会稳定风险源，是委托主体、实施主体和监督主体重点关注的对象，这在一定程度上加大了其在权力结构关系中的分量。

总之，在社会稳定风险评估的体系中，各主体所处的地位不一样，委托主体掌握一定的资源，具有决策权，实施主体具有执行权，因在信息上具有一定的优势，从而拥有比较大的自由裁量权，监督主体尽管赋予其监督职能，但限于权力的范围，其监督责任难以有效发挥。参与主体的参与权力是被动的，常常受到实施主体的限制。因此，相对而言，在权力结构体系中，委托主体和实施主体具有支配地位，而监督主体和参与主体的地位相对弱一些，但这正是导致评估中出现问题的制度性根源。

三、评估主体间的权力关系

四大权力主体的关系如何？如何优化配置它们之间的关系，对于提升评估的效果具有重要意义。

（一）权力主体间的纵向权力关系

纵向权力关系主要表现在委托主体与实施主体之间，但这种关系并非是一一对应关系，即不存在对应的权责关系，是在限定的权力范围内来约定两者之间责任和义务关系。就重大决策或项目而言，委托主体是国家发展改革委，它们拥有项目的审核、批准权，可以根据实施主体提出的项目申请进行评估，如果认为申请不符合要求，可以否决。因此，实施主体要想使申请获批，就必须符合国家发展改革委的要求，并且，国家发展改革委还可以对被委托方的违规行为提出惩罚的要求，比如，国家发展改革委的政策规定："评估主体不按规定的程序和要求进行评估导致决策失误，或者隐瞒真实情况、弄虚作假，给党、国家和人民利益以及公共财产造成

较大或者重大损失等后果的，应当依法依纪追究有关责任人的责任。"❶

当然，由于委托主体与实施主体并不一定存在上下级的业务关系，其权力来源也并不一定存在直接授予与被授予关系，因而，这种纵向关系的相互约束性是有限的，即限定在一定的范围之内。比如，作为委托主体的国家发展改革委与作为实施主体的地方党委政府之间，尽管它们之间也是一种纵向的权力关系，但只限定在项目的立项这个范围，超出了这个界限，国家发展改革委没有办法进一步约束地方党委政府的行为。或许正是这个原因，使得实施主体的行为难以形成有效的监督，常常在评估实践中出现决策权、执行权和监督权合一的现象，参与者的作为十分有限，评估容易流于形式。由于纵向上的权力关系难以形成有效的监督，从而容易导致执行主体的自由裁量权过大，常常为了地方利益而僭越权力的边界，导致潜在的社会稳定风险出现。

纵向的权力关系的模糊，进而使得各主体之间的权责关系难以理顺。一般而言，权力与责任需要平衡，即所谓权责对等，权责对等不仅能够有效约束权力的运行，同时也能强化责任意识，因此，拥有多大的权力，一般需要相应承担对等的责任。有权无责、有责无权都会导致极端问题的出现，不能有效解决问题。在社会稳定风险评估实践中，有权无责的现象比较普遍，权力主体在行使权力的时候往往会随意扩大自由裁量权的边界，致使出现侵权行为，进而导致利益相关群体的利益损失，引发社会稳定风险。比如，许多地方政府的征地拆迁行为等。

(二) 权力主体间的横向关系

权力主体间的横向关系主要是指各个职能部门之间的关系。由于重大决策或工程项目涉及多个部门的管理，因而权力主体之间必然会发生关系。由于横向的权力主体不存在授予和被授予的关系，所以，它们之间也就不存在相互约束的关系，而更多的是职能的分工。这样，权力主体间的横向关系实际上是一种平行的关系。

---

❶ 资料来源：国家发展和改革委员会文件，发改投资〔2012〕2492号。

然而，尽管横向的职能部门之间有着各自的职能分工，但它们都属于地方党委政府的下属部门，因此，它们容易形成合力，共同服务于地方党委政府。有时候，为了服务于地方经济发展的大局，这些职能部门也有可能扭曲自身的行为，带来社会稳定风险问题。比如，信访局、综治办等部门，它们的工作范围有分工，也有交叉，即使某个工程有可能触及国家政策红线的边缘，也要保证地方的利益。因此，这类作为监督主体的部门，其监督权就很难到位。

由于权力主体间的横向之间缺乏有效的制衡，且权力主体间缺乏对等的权力资源，因而常常会造成有权无责或无权有责的局面，实施主体往往变得一枝独秀，为了扩大自身的利益，有可能超越权力的边界，进而带来潜在的社会稳定风险。

（三）参与主体的权力相对弱势与集体抗争

在诸多主体中，参与主体的权力相对弱势，因为它们掌握的资源非常有限，常常被排除在决策之外，但它们也有自身的"武器"，即利用集体的合力，形成集体抗争。

集体抗争在某种程度上改变了参与主体的弱势地位，提升了与其他主体"讨价还价"的能力，但也增加了自身的风险。因此，集体抗争是参与主体在不得已的情况下所采用的维护自身权益的做法。这样，通过集体抗争的方式，使得各个主体之间的权力关系发生了改变，从而形成了一个相对均衡的局面，这种状态在某种程度上可以约束执行主体的行为，进而达到控制社会稳定风险的效果，但由于参与主体有着天然的弱势，而且集体抗争又面临集体行动的困境，因而不平衡的权力关系是常态。

不平衡的权力关系始终隐藏着潜在的社会稳定风险，在组织动员技术、动员手段不断丰富的今天，作为弱势一方的参与者也会利用一些优势来改变这种不平衡的权力关系，因而从长远来看，吸引参与者对重大决策的参与，对于改变权力关系，控制社会稳定风险的发生具有积极意义。

第二节　以信息为基础的权力获取

在第一节，本书分析了社会稳定风险评估中的主要权力主体以及权力类型，并简要地分析了它们之间的权力关系，这一节将重点分析各主体的权力获取，并结合案例进一步阐释各权力主体的博弈关系。

一、委托主体的权力获取

在第一章的研究假设中可知：社会稳定风险评估中主体的权力获取，与占有的信息有很大关系，占有的信息越多，则获取的权力越大，权威性也越高，越容易获得合法的话语权。

当然，由于权力主体所处的位置不同，获取信息的渠道、方式等也不一样，从而权力获取的路径也有差异。显然，国家的公共权力部门因具有法定的权力来源，拥有决策权，所以在获取信息方面也具有得天独厚的优势。从信息的来源上看，有主动获取与被动获取之分，前者是通过各种渠道，主动出击，以满足自己的需求；后者则会有相关部门提供信息，不需要主动出击。两者相比较，后者更有优势，比前者更有机会获得额外的信息，且付出的成本相对较少。

显然，委托主体本身是国家的权力部门，掌握着一定的公共资源，在分配过程中拥有支配权，因而在获得信息的渠道方面更加多元，其权威和话语合法权也占据先机，使得决策更具权威性。本书以"N市固废处理循环经济产业园垃圾焚烧发电项目"（以下简称"垃圾焚烧项目"）为例来进一步分析。

垃圾焚烧项目是一项专业性很强的工程，公众一般对其知之甚少，权力部门也不例外，但在获取信息方面则有着天壤之别。比如，国家发展改革委，作为项目的委托主体，它们在获取相关信息方面就有得天独厚的优势，不仅有多元的渠道，而且有专门的专业机构为之提供专业的信息（见表4-2），从而为国家发展改革委的审核、批准奠定了基础，也为获取决策的权威性提供了条件。

表4-2 关于垃圾焚烧系统的信息

类别	名称		内容或规模	备注
主体工程		生活垃圾焚烧系统	处理能力2400吨/天，3×800吨/天的机械炉排炉	
	垃圾接收及贮存系统	垃圾接收	卸料平台长度113米×宽度28米，在宽度方向有0.2%坡度，坡向垃圾仓侧；设7座自动垃圾卸料门，设置3台100吨全电子式汽车衡。称重、记录、传输、打印与数据处理功能。卸料门采用可自动启闭的液压驱动系统	
		垃圾贮池	垃圾池容积约32592立方米（长97米×宽24米×平均高度14米，地面以下深度约为6米），可储存7天以上的垃圾量	全封闭、负压状态、防渗防腐
		垃圾给料	垃圾抓斗起重机控制室，设有密闭、安全防护的观察窗。设置两台单台起重量17吨、抓斗容积为10立方米的橘瓣式抓斗吊车。设置3台垃圾抓斗，2用1备	
		渗滤液收集与输送系统	垃圾池内设有垃圾渗沥液收集系统，渗沥液从垃圾池中采取分层排出的措施，以将垃圾渗沥液排至渗滤液收集池。收集池有效容积为900立方米，保证1~2吨的渗沥存储量。收集池内设渗滤液收集泵，防渗防腐	全封闭、负压状态、防渗防腐

续表

类别	名称		内容或规模	备注
主体工程	垃圾热能利用系统	余热锅炉系统	3台中温中压（400℃，4.0兆帕）余热锅炉（每台额定蒸发量73.18吨/小时）	
		汽轮发电系统	2×30兆瓦凝汽式汽轮发电机组，年发电量为$3.577×10^8$千瓦·时，上网电量$2.86×10^8$千瓦·时	
公用工程		自动控制系统	本工程采用机炉电集中控制，焚烧系统、烟气净化系统、热力系统和电气系统的监控采用一套DCS系统	
		压缩空气系统	3台排气量30立方米/分、排气压力0.85兆帕的螺杆空气压缩机，2用1备	
		取水工程	取水口位于大吉岭水库，设计取水量5100立方米/天。自来水作为备用水	
		净水站	净水装置选用200立方米/小时一体化净水器（1用1备），1座2500立方米工业水池（兼消防水池）	
		排水工程	采用自流方式进入城市污水管网	由园区负责建设
		化学水处理站	采用"预处理+二级反渗透（RO）+电去离子（EDI）"工艺，生产能力为2×32吨/小时	
		循环水泵	选用5台单级双吸离心泵，4用1备，单级双吸离心泵Q=3500吨/小时，H=24米，配套电动机N=315千瓦	
		输供电	发电机出口电压为10.5千伏，经主变压器升至110千伏，双回路并网接入经开区变电站110千伏系统	
		轻柴油储罐	有埋地钢制油罐2只，1用1备，单个容积30立方米	辅助及点火燃料

续表

类别	名称	内容或规模	备注
公用工程	渣池	148米×12米×5米，渣池内设置灰渣吊车抓斗起重机2台，起重重量为8.0吨，抓斗容积为3立方米	
	消石灰（Ca(OH)$_2$）贮仓	设置2座消石灰仓，每座容积为100立方米	
	活性炭贮仓	设置1座容积为20立方米的活性炭仓	
	飞灰储仓	设置2座，单个容积为240立方米的飞灰贮仓，可容纳6天飞灰容量	
	水泥料仓	设置1座容积为16立方米的水泥料仓	
	氨水溶液储罐	设置2座，单个容积为50立方米的20%氨水储罐	
环保工程	厂区雨污分流管网铺设	实现厂区雨污分流、清污分流	
	污水处理系统	垃圾渗滤液采用"预处理+厌氧+MBR处理系统（A/O+UF）+纳滤（NF）"处理工艺。渗滤液处理站设计处理能力为650吨/天。垃圾渗滤液处理出水水质达到接管标准后，进入红谷滩污水处理厂集中处理排放	
	烟气净化系统	设置3套独立的烟气净化系统，采用"SNCR脱硝（炉内）+半干法（旋转喷雾反应塔）+干粉喷射+活性炭喷射+布袋除尘器"，经过处理后的烟气通过110米高的烟囱排放	
	恶臭防治	垃圾池和渗滤液收集系统恶臭废气作为一次风和二次风的助燃空气；设置停炉、检修期间垃圾库的活性炭除臭装置；设置垃圾库门和卸料区的阻隔帘幕及空气密封室等；设置垃圾渗滤液处理站恶臭废气抽气系统和甲烷气火炬燃烧装置等措施。恶臭控制执行《恶臭污染物排放标准》（GB14554-93）厂界标准值中的二级标准限值	

续表

类别	名称	内容或规模	备注
环保工程	飞灰固化车间	在飞灰固化贮仓顶部设置 1 台布袋除尘器	
	水泥料仓	在水泥料仓顶部设置 1 台布袋除尘器	
	噪声控制	合理布局、安装消声器、隔声等	
	炉渣和灰处理系统	2 套飞灰稳定化系统，飞灰稳定化规模为 12.8 吨/小时	
	危废暂存间	一座建筑面积为 150 平方米的危废暂存仓库（仓库内按规范要求设置导流沟和集液池，防渗防腐）	
	事故池	应急事故池 7500 立方米，防渗防腐（调节池兼）	
	绿化	全厂绿化覆盖率达 20%，绿化面积为 12548 平方米	

资料来源：《N 市固废处理循环经济产业园垃圾焚烧发电项目社会稳定风险分析报告》，第 6-8 页。编制单位：N 市海量投资咨询有限公司，2017 年 6 月 10 日。

垃圾焚烧工程项目所带来的"邻避冲突"非常普遍，❶"邻避冲突"导致的社会稳定风险问题更是层出不穷，主要影响因素与群众对项目的不知情有很大关系。❷垃圾焚烧之所以备受群众的争议，主要是因为焚烧后所排放的废气与废水对环境造成的二次污染难以控制，但从目前技术来看，国际上已有很成熟的技术，并在一些发达国家成功运行。从决策部门来看，它们需要获取这样的信息，以判断项目是否切实可行，而作为决策部门的国家发展改革委，在获取这些信息方面就比较便利，项目的申请部门会主动把相关信息传递给权力部门，尤其是关键的信息，比如，表 4-2 所提示的环保工程的有关专业信息，为决策部门的决策提供了重要的信息源。

当然，这只是项目本身，委托主体决策权的使用，还需要获取其他的

---

❶ 何艳玲. "邻避冲突"及其解决：基于一次城市集体抗争的分析 [J]. 公共管理研究，2006（1）：93-103.

❷ 万筠，王佃利. 中国邻避冲突结果的影响因素研究——基于 40 个案例的模糊集定性比较分析 [J]. 公共管理学报，2019（1）：66-76.

信息，比如，需要环保部门出具的该项目对环境影响，土地管理部门需要提供用地，以及其他职能部门提供的可行性报告等方面的信息。这些信息确保了作为委托主体的国家发展改革委有条件做出权威的决策，也为它获得合法的话语权奠定基础。作为拥有决策权的委托主体，其决策的权威性关系到项目的执行，也与项目是否得到认可有很大关系，而权威性的决策在某种程度上还会影响项目的执行，研究表明，越具权威性的决策越能得到民众认可，进而越能顺利执行，相反，则容易招致阻碍，引发潜在的社会稳定风险问题。❶ 因此，委托主体在决策之前，需要收集各方面的信息，信息的量与质的程度直接关系到决策是否科学。

二、实施主体的权力获取

实施主体的权力来源一方面是委托主体的授予，另一方面是法律赋予实施主体本身的职能而自动获取权力。同样，信息对于其权力的获取具有重要影响，也正基于此，实施主体也会通过各种渠道来获取相关信息，以促使其权力能够顺利实施，并获取相应的权威，扩大合法的话语权。

本书还以"垃圾焚烧项目"为例来进一步说明。垃圾焚烧项目是 N 市政府"十三五"期间的一项重点市政工程，是为了解决因城市扩张而带来的垃圾处理问题。传统的填埋方式，不仅污染大，占有土地资源，而且难以适应现代城市发展的需要，垃圾焚烧发电是国际上普遍使用的处理垃圾的方式。由于垃圾焚烧所引发的"邻避冲突"效应，不仅国家发展改革委的审核、批复非常谨慎，作为实施主体的地方政府也小心翼翼，但一旦做出决定，就必须保持执行的权威性，同时也需要得到群众的认可。因此，实施主体的权力的获取也需要获取足够的信息。

首先是有关垃圾焚烧项目的信息，比如，是否与国家的发展政策吻合，是否与本地的发展规划吻合，等等。根据国家发展改革委的有关政策规定，国家政策是鼓励可再生能源发电的，因而，利用垃圾焚烧发电与国

---

❶ 崔金云. 合法性与政府权威 [J]. 北京大学学报（哲学社会科学版），2003 (S1)：65-70.

家的政策是吻合的，有合法性依据。

根据国家发展改革委关于印发《〈可再生能源发电有关管理规定〉的通知》（发改能源〔2006〕13号）的有关规定，要加强对垃圾产生的全过程管理，从源头减少垃圾的产生。对已经产生的垃圾，要积极进行无害化处理和回收利用，防止污染环境。采取卫生填埋、焚烧、堆肥、回收利用等垃圾处理技术及设备都有相应的适用条件，在坚持因地制宜、技术可行、设备可靠、适度规模、综合治理和利用的原则下，可以合理选择其中之一或适当组合。在具备卫生填埋场地资源和自然条件适宜的城市，以卫生填埋作为垃圾处理的基本方案；在具备经济条件、垃圾热值条件和缺乏卫生填埋场地资源的城市，可发展焚烧处理技术；积极发展适宜的生物处理技术，鼓励采用综合处理方式。禁止垃圾随意倾倒和无控制堆放。鼓励垃圾处理设施建设投资多元化、运营市场化、设备标准化和监控自动化。鼓励社会各界积极参与垃圾减量、分类收集和回收利用。垃圾处理技术的发展必须依靠科学技术进步，要积极研究新技术、应用新工艺、选用新设备和新材料，加强技术集成，逐步提高垃圾处理技术装备水平。❶

当然，由于城市人口比较集中，生活垃圾的处理必须符合国家政策的规定。根据《国务院批转住房城乡建设部等部门关于进一步加强城市生活垃圾处理工作意见的通知》（国发〔2011〕9号），可以采取焚烧发电的方式来处理。

该文件要求："到2015年，全国城市生活垃圾无害化处理率达到80%以上，直辖市、省会城市和计划单列市生活垃圾全部实现无害化处理。每个省（区）建成一个以上生活垃圾分类示范城市。50%的设区城市初步实现餐厨垃圾分类收运处理。城市生活垃圾资源化利用比例达到30%，直辖市、省会城市和计划单列市达到50%。建立完善的城市生活垃圾处理监管体制机制。到2030年，全国城市生活垃圾基本实现无害化处理，全面实行生活垃圾分类收集、处置。城市生活垃圾处理设施和服务向小城镇和乡村延伸，城乡生活垃圾处理接近发达国家平均水平。加强资源利用，全面推广废

---

❶ 《〈可再生能源发电有关管理规定〉的通知》（发改能源〔2006〕13号），国家发展改革委。

旧商品回收利用、焚烧发电、生物处理等生活垃圾资源化利用方式"。❶

可见，垃圾焚烧的项目符合国家的政策要求，这是地方政府行为合法性的重要来源，也是贯彻项目的重要政策依据。因此，实施主体必须要知晓这方面的信息。

此外，作为一项地方项目，必须符合地方的发展规划，否则，项目的执行会遇到地方的阻力，其权威性和合法性会大打折扣。

《N市城市总体规划（2001—2020年）》及《N市土地利用总体规划（2006—2020年）》指出：N市城市性质定位为江西省省会、国家历史文化名城、长江中游地区重要的中心城市。应当坚持可持续发展的战略，加强环境综合整治，合理布局工业，采取多种措施，改善城市环境空气质量，保护水体，控制噪声，提高固体废物综合利用率。到2020年，环境保护总体水平进入全国环境保护重点城市上游行列，生态环境总体良好。创建国家环保模范城市和国家生态城市。固体废物综合利用率、危险废物处置率、生活垃圾无害化处理率均达到100%；工业固体废物综合利用率达到95%。贯彻以减量化、资源化、无害化为中心的控制方针，最大限度地减少固体废物产生量。加快建设城镇生活垃圾处理设施和收集系统，提高固体废弃物减量化、无害化和资源化水平。

《N市国民经济和社会发展第十三个五年（2016—2020）规划纲要》指出："针对城市管理中的顽症痼疾和老百姓反映的集中诉求，大力推进城市综合治理，加快垃圾处置设施建设，推进垃圾分类收集、清洁直运和无害化处理，加强重大市政工程的后续管理与配套服务，有效应对'城市病'。"

N市环境卫生主管部门编制的《N市环卫设施规划（2013—2020）》已经基本确立了N市环卫工程设施的两个选址，并明确了各自的功能构成，其中，麦园垃圾处理场为综合型，包含了焚烧项目的建设。麦园垃圾综合处理园区（焚烧发电厂+卫生填埋厂+沼气发电厂+餐厨垃圾处理厂），处理范围：以赣江为界，赣江以西片区内的红谷滩片区、红角洲片区、长

---

❶ 《国务院批转住房城乡建设部等部门关于进一步加强城市生活垃圾处理工作意见的通知》（国发〔2011〕9号）。

埃片区、经开区、望城组团、乐化组团、安义县和湾里区。

泉岭垃圾综合处理园区（焚烧发电厂+灰渣利用厂+餐厨垃圾处理厂），处理范围：朝阳片区、城南片区、莲塘组团、N市县和进贤县生活垃圾及餐厨垃圾，灰渣处理厂对焚烧灰渣进行综合利用。根据《国家发展改革委办公厅关于同意环境污染第三方治理试点单位的复函》（发改办环资〔2015〕2075号）精神，以及N市人民政府办公厅抄告单（洪府厅抄字〔2015〕425号）抄告的精神，N市要建设N市固废处理循环经济产业园，打造国家环境污染试点单位，实现垃圾减量化，推进城市垃圾处理产业化。该产业园主要包括：生活垃圾焚烧发电项目，建筑垃圾综合利用项目，填埋场生态治理项目，环保教育中心项目，以及飞灰填埋库区，等等。❶

以上是有关项目本身及国家相关政策方面的信息，这些信息对执行主体的权力获取与贯彻具有重要意义，但仅此仍然是不够的，还需要综合了解项目的效益问题和项目上马会引发多大程度的社会稳定风险问题等方面的信息。

项目首先有一定的经济效益，建设新的垃圾焚烧厂可以提高一个城市垃圾处理能力，减少垃圾填埋占用的土地资源。以一座日处理规模2400吨的垃圾处理设施服务30年计算，若采用生活垃圾卫生填埋方式，则需要库容约3000万立方米，填埋场占地约100公顷。若采用生活垃圾焚烧发电技术，能够实现垃圾的减量80%，可以节省用地约90%，不仅极大地节约了N市建设用地，而且能够提高土地利用率。此外，本项目利用焚烧产生的热能发电，预计年可外供电 $2.44×10^8$ 千瓦·时，可以向电网输出，产生良好的经济效益。同时，项目也有一定的社会效益，垃圾焚烧项目可以使环境问题得到有效改善，可以根本性解决麦园垃圾填埋场气味问题，使周边环境得到根本性改善，提高居民生活质量和幸福指数，缓解电力紧缺问题。焚烧发电可以补充城市电源，有着显著的社会和经济效益。而且，厂

---

❶ 资料来源：《N市固废处理循环经济产业园垃圾焚烧发电项目社会稳定风险分析报告》，2017年6月10日，第26—28页，N市海量投资咨询有限公司。

址毗邻 N 市绿色博览园，可以和绿色产业集聚区形成联动，形成完整的国家级循环经济示范园区，其固废循环利用具有很强的社会意义。

然而，由于垃圾焚烧项目特有的敏感性，虽然符合国家的政策，有利于大多数群众的利益，也符合现代城市发展的方向，但焚烧对项目所在地的环境不确定性影响仍然会遭到一些民众的反对，因此，作为实施主体的地方政府还需要充分了解其他地方相关项目的情况。表 4-3 列举了近些年因建垃圾焚烧而导致民众抗争的事件。

表 4-3　垃圾焚烧导致的"邻避效应"信息

时间	地点	事件描述
2018 年 6 月	永春	福建省永春县政府拟投入 5.4 亿元，建设一座生活垃圾焚烧发电厂，选址在南安市诗山镇和永春县姑山镇的交界处。消息传出后招致选址附近村民反应强烈，一村民组织抗议并堵住通往垃圾填埋场的唯一通道
2014 年 5 月	杭州	为反对垃圾焚烧厂建设，余杭部分群众做出聚众堵塞交通、毁坏公私财物、行凶伤人、制造传播谣言等违法行为
2012 年 6 月	广州	清远居民万人签名反对垃圾焚烧厂建在清远边界，村民多次上访，向广州城管委表达改址诉求，要求对选址重新论证
2011 年 4 月	无锡	江苏无锡东港镇黄土塘村发生大规模民众抗议事件。因反对当地政府在人口密集区建垃圾焚烧发电厂，该镇数万居民持续在发电厂门口维权抗议，反对当地政府点火开工
2009 年 11 月	广州	番禺垃圾焚烧发电厂周边小区居民和厂址所在的会江村村民一行数百人集体前往广州市政府上访，要求取消该项目或改址
2009 年 10 月	吴江	反对垃圾焚烧厂投产，万人街头抗议
2009 年 8 月	北京	发生群体性抗争活动，一些群众自发组织车队或在论坛发贴反对建设阿苏卫垃圾焚烧发电厂
2009 年 5 月	深圳	数百居民聚集工地反对建设白鸽湖垃圾焚烧项目
2009 年 4 月	上海	江桥垃圾焚烧厂周边敏感地区居民在垃圾厂门口抗议并悬挂标语，称"团结起来，为生存环境不被恶化而抗争"
2009 年 4 月	郑州	垃圾厂周围居民拦路堵截垃圾车，迫使处理厂运转失灵，长期的垃圾堆在路上
2009 年 2 月	南京	五千多居民联名反对建设南京天井洼垃圾焚烧项目。随后，几名市民将江苏省环保厅告上法庭

续表

时间	地点	事件描述
2008年8月	北京	朝阳区上千民众发起请愿活动,反对在高安屯垃圾掩埋场再兴建垃圾焚烧厂
2008年6月	武汉	陈家冲垃圾处理厂被附近居民封堵,汉口的部分垃圾被迫绕道白沙洲大桥,运往区外的江夏区二妃山垃圾场填埋。因为路途遥远,一些垃圾无法及时清运
2007年6月	北京	六里屯垃圾发电厂受到了强大的民意阻力而被当时的国家环保总局紧急叫停

资料来源:《N市固废处理循环经济产业园垃圾焚烧发电项目社会稳定风险分析报告》,第64-66页。编制单位:N市海量投资咨询有限公司,2017年6月10日。

由表4-3可知,垃圾焚烧项目引发群众抗争的概率非常大,从目前了解的信息来看,几乎是哪里建垃圾焚烧厂,哪里就有群众反对,究其原因:

(1) 城市化因素。城市垃圾是城市化发展的产物,不同的城市化阶段和城市化模式,必然伴随不同形式的垃圾问题。中国的核心城市已经进入快速发展时期,城市人口迅速膨胀。同时,中国的核心城市基本承袭了"摊大饼"式的城市化发展模式。这些因素造成垃圾数量的激增,同时也让垃圾处理场在城乡接合部原本的立足点难以为继,超大规模的城市加大了垃圾运输的半径,增加了垃圾产生量和成分的复杂性,也增加了垃圾处理的难度和成本。同时,超大城市的发展模式打破了城市与农业共生的生态体系,也直接制约了垃圾综合利用的减量化发展。

(2) 工业化因素。随着工业化的发展,大量难于处理甚至有害的废物进入城市垃圾,使垃圾成分变得愈加复杂。家用电器、电子产品、塑料制品等各种工业品充斥生活的每个角落,并成为人们日常生活中不可或缺的用品,而这些物品又恰恰是最难以降解和有害环境的垃圾来源。此外,工业化发展带来人们饮食习惯和生活水平的提高,从而使生活垃圾中水分高、热值低、难于回收利用的厨余果皮垃圾含量随之增加,进一步增加了垃圾的产生量和处理难度。

(3) 资源化因素。减量化、无害化、资源化是城市垃圾管理的重要原则。其中，减量化、无害化是城市得以生存和持续发展的基础之一，因此是一种政府应尽的责任，在中国，这一职能长期以来一直是城市环卫工作的核心。资源化则是在减量化、无害化的基础和前提下，对垃圾处理工作有着更高的要求。现阶段，国家的发展战略正在向大力发展循环经济、加快建设节约型社会转型，垃圾的资源化成为越来越受关注的话题。

在国家的经济水平尚未非常发达的背景下，在政府的垃圾无害化责任没有完成的情况下，资源化以战略的姿态过早地进入垃圾处理领域，使垃圾作为资源的价值被夸大，资源化的局部不经济性被忽略，造成了无害化这一基础性的管理原则被弱化，造成了垃圾处理技术路线选择上的无所适从以及产业政策规划上的混乱。

(4) 社会意识因素。事实上，由于处理手段和环境意识的落后，很多农村地区的垃圾处理方式对环境的危害远远大于城市，但在这些地区并未因此而出现群体性抗议事件。事件的爆发和舆论的压力之所以集中于经济发达地区——尽管其垃圾处理技术远比农村先进、环境危害也更小，正是因为这些地区的居民公共环境利益自我维护意识的加强，造成现实与预期的差距加大。

在很大程度上，社会意识形态的形成和进步是建立在经济发展的基础上的。各大核心城市的居民的收入水平、受教育程度、人生阅历和眼界，以及对生活品质的要求，在总体上无疑要高于国内二三线城市居民和农村居民，由此产生了更高的环保预期，当实际的垃圾处理水平难以满足这种预期时，高层次的社会意识形态便成为引发群体性事件的导火线。

同时，土地和房产价格的推高，进一步加大了社会对环境价值的预期。"邻避"效应更加显著，公众都不希望在自己的家门口建垃圾场。垃圾场的存在难免会给周边居民的生活、心理甚至荣誉等诸多方面带来负面影响，即便垃圾场没有产生污染，同样会由于"邻避"效应而遭到反对。如何正确处理这种居民个人心理和社会生态大环境之间的不和谐，已经成为如何构建和谐社会的难点之一。

(5) 市场化因素。总体而言，市场化改革为垃圾处理领域带来了很多益处，提高了运营效率，引进了先进的技术和管理经验，提升了服务质量，促进了政企分离，等等。因此，不应否定市场化改革在垃圾处理上的积极作用。另外，在市场引入竞争主体的过程中引发了一些地方政府的定位错误，某些地方政府在把垃圾处理工作简单委托给企业后，本应由政府承担的垃圾处理无害化责任被抛给了企业，而这显然是政府对其公共服务职责有意或无意地弱化甚至是失职。

如果项目要上马，如何来避免"邻避效应"？或者说，项目与其他地方的项目不同的地方在哪儿？项目有什么理由可以避免群众的反对？否则，还会出现类似的社会稳定风险问题。

例如，原麦园垃圾填埋场建设。随着城市的发展，以及城市环境要求的提高，填埋处理方式的弊端逐步显现，比如臭气污染无法控制，苍蝇蚊虫多、消杀困难，污水污染严重，土地资源浪费，等等。本项目的建设及运营，能有效地解决城市垃圾污染及资源回收问题，为营造一个整洁的城市市容环境，改善投资环境和生活环境，对实现经济的可持续发展具有重大的现实意义。直接利益关系人群数量较少，比如拆迁、迁坟、耕地占用等；项目建设不会给利益相关者的收入与生计带来影响；无法预计的环境破坏风险较小；项目选址不属于环境敏感、脆弱地区。

这样，实施主体对 N 市垃圾焚烧项目所需要的信息有了比较全面的掌握，大大地增强了它们在本项目的执行力和话语权。

三、监督主体的权力获取

如前所述，监督主体的权力主要是本身所拥有的职能所赋予的，在项目的决策和执行阶段，按照国家相关的法律法规的要求，这些部门需要介入其中，没有另外设立特定的监督部门来监督项目的全过程。因此，监督主体的权力来源主要与其自身所拥有的权力有直接关系，即本身拥有的权力越大，在项目过程中所具有的权力就越大，其权威性也越强，并具有一定的话语权。

同理，在同等条件下，监督主体的权力获取与拥有的信息也有比较强的相关性关系。为了在监督过程中，监督主体也会设法去获得相关信息，以更好地行使法律赋予它们的权力。但由于监督主体所处的位置不一样，因而，其获取信息的渠道和方式有差异，同样存在主动获得与被动获取的差异。

监督主体获取信息的渠道一般有以下2种：

（1）项目建设单位主动提供的有关项目的信息。比如，上述垃圾焚烧项目，项目建设单位需要向有关部门提供项目的基本信息，监督主体比较感兴趣的是涉及项目的拆迁等与权力运行有关的信息。由于本项目在很早以前就已纳入城市规划，且土地都做好了预留，因此，拆迁比较少，从而这类纠纷也就少。

（2）监督主体主动掌握的信息。为了推动项目尽快落地，一般情况下，项目建设单位总会规避一些对自己不利的信息。因此，作为监督主体的部门，需要主动出击，去获取一些重要的信息，以便更好地行使监督职能。垃圾填埋场附近周边原来是一片荒地，但随着城市的快速扩张，附近建起了楼盘，而且，在原来垃圾填埋场旁边还有一所中专学校，学校师生要求搬离垃圾填埋场，且反对建垃圾焚烧厂的呼声很高。这些信息需要监督主体主动去获取，才能够比较全面了解。

显然，获得的信息越全面，就越有利于工作的开展，越有利于监督职能的发挥。然而，由于监督主体的独立性仍然有一定的局限性，即项目的监督主体基本都是在地方党委政府的领导下行使监督职能，其监督权力的展开需要得到地方党委政府的授权，因而，在实际工作中，监督主体的信息获取基本上是被动的，即主要的信息是项目建设单位提供的，很少自己主动去获取信息，或许正因为如此，监督主体的权力常常陷入有名无实的境地。

四、参与主体的权力获取

参与主体主要指基层组织和利益相关者，他们与项目有直接的关系。由于他们的行为关系到社会稳定风险，因而常常被纳入关注的群体。

相对于其他三个主体，参与主体的权力是最弱的，其来源：一是国家政策的授予，在有关社会稳定风险评估过程中，政策要求征求群众的意见，了解群众的诉求，比如："项目单位在组织开展前期工作阶段，应对社会稳定风险进行调查分析，深入了解项目所在区域的自然环境状况和社会历史背景，依托当地政府，充分征询项目建设地点周边群众和各利益相关方意见和诉求，重点查找政策规划和审批程序、征地拆迁补偿、移民安置、生态环境影响、项目建设管理、质量安全和工程款支付等潜在风险点，预测风险发生的可能性及影响程度，提出防范和化解风险的方案措施和采取相关措施后的社会稳定风险等级建议。"❶

二是参与主体主动争取的权力，主动争取权力的方式通常是采取集体维权或抗争，给地方政府施压，而被迫对群众做出的让步。当然，由于项目需要得到群众和基层组织的支持，就迫使地方政府把一部分权力授予他们，在项目实施前征求群众的意见，听取其建议。比如，"垃圾焚烧项目"，群众的诉求包括以下几个方面。

（1）项目区域内的村庄村民。希望该项目能够采用先进的工艺，实施期间保质保量，能最大限度地减少垃圾填埋带来的恶臭，减少对地下水和环境的污染。

（2）征迁地所受涉及的群体。希望得到合理的征地拆迁补偿，并在失地后得到政府在后续生活上的保障。希望项目带来一定的工作岗位和经济利益。房屋和养猪场被拆迁的村民和企业主希望拆迁补偿标准要提高，并要及时赔偿到位；有坟墓需要迁移的当地村民希望他们的习俗得到尊重，在迁移补偿金额和时间安排上得到更灵活的对待。

（3）项目所在地地方人民政府及村民自治组织。经开区管委会完全支持该项目的建设；蛟桥镇政府和村级组织希望项目单位在项目建设和运营过程中能多与基层政府和村级组织沟通，了解当地的实际情况，尽量绕开居民密集区、坟墓、主要水系等，尽量减少征地和拆迁。希望施工单位文明施工，不影响当地正常的社会生产和生活，对被破坏的当地基础设施应给予补偿或进行修复。希望项目施工过程中可以吸纳当地农民参与一些体

---

❶ 资料来源：江西发展和改革委员会文件，赣发改投资〔2013〕388号。

力工作。希望建设单位、施工单位在准备和施工过程中多和当地政府、村委会沟通,避免与当地村民发生冲突。

(4) 项目周边的学校、企业和小区居民。学校和企业希望项目建设和运营时能增加透明度,以便民众能够随时了解项目进展和其他环境保护方面的相关信息,并且能够发挥一定的监督制约作用。希望项目单位能多征询各方的意见,把项目实施好,尽早改善当地存在已久的环境问题;周边小区居民担心生活垃圾焚烧项目的建设会给他们带来一些负面的影响,他们担心的问题主要包括二噁英❶影响身体健康、项目污染物排放影响周边的水环境、空气等。因此他们希望项目选址时远离居民区,避免居民区受到废气、废水、噪声的影响。

(5) 项目建设主体。希望得到各级政府和有关部门的大力支持,顺利实施和完成项目建设。

(6) 贷款银行。希望项目单位严格预算管理,做好资金管理和使用工作,按期偿还贷款。

(7) 施工单位。希望得到当地乡镇、村委会的大力支持,施工过程顺利实施;希望以最小成本、最经济方式、最短施工周期完成建设任务,取得合理的施工报酬。

(8) 为项目建设提供服务、供货的各类机构、人员。希望尽可能地提供多的产品和服务,并得到合理的利润。❷

可见,不同的参与主体,其诉求是不一样的。由于这些参与主体获取信息的能力相对有限,因而在整个过程中基本处于从属地位,仅仅是表达自身的诉求,很难对项目的施加影响,参与的范围也非常有限。当然,由于群众的意见诉求关系到群众的行为,因此,地方政府一般会把群众比较集中的意见作为考虑的点,以防止潜在的风险发生。

通过以上案例可以知道,不同主体获取权力的方式和途径是不一样的,在权力结构中也处于不同的地位,但其与获取信息的能力有很大的关系。

---

❶ 二噁英(Dioxin),又称二氧杂苣(qī),是一种无色无味、毒性严重的脂溶性物质。
❷ 资料来源:《N市固废处理循环经济产业园垃圾焚烧发电项目社会稳定风险分析报告》,第41-42页。编制单位:N市海量投资咨询有限公司,2017年6月10日。

第三节 主体间的权力关系与博弈

人类是需要合作的,而合作又是复杂的,❶ 合作中存在冲突,为了解决合作的问题,人们想尽了各种办法,比如用价格制度来解决合作问题。然而,在合作中,由于存在信息不对称的问题,从而产生了合作中的博弈行为。

就社会稳定风险评估的主体而言,委托主体只负责审查项目是否符合国家政策的规定,在确保不发生社会稳定风险的情况下,做出决策。因而,项目的实施主体只要提供符合要求的材料即可,基本不存在博弈的行为。监督主体与实施主体基本隶属于一个部门,有着共同的目标,因而它们之间也基本不存在博弈的行为。这样,主体间的权力博弈关系基本上就出现实施主体与参与主体之间。

一、实施主体与参与主体的行动

在博弈论中,参与人、行动、信息、效用、结果和均衡是其基本概念,其中,参与人、战略和效用是较少的要素。

参与人是博弈中的决策主体,其目的是通过选择战略以实现自己的最大效用水平。参与人既可以是自然人,也可是组织、企业、国家等。这里所指的参与人是指项目的实施主体和参与主体。行动是参与人在博弈的某个时点的决策变量,由多个参与人构成的行动,称为行动组合。行动需要遵循一定的顺序,行动顺序对博弈结果至关重要。同样的参与人,不同的

---

❶ 罗伯特·阿克塞尔罗德. 合作的复杂性:基于参与者竞争与合作的模型[M]. 梁捷,等译. 上海:上海人民出版社,2007.

行动顺序，其博弈结果是不一样的。因此，参与人非常注意行动的顺序，以期在博弈中获得预期的结果。信息是指参与人有关博弈的知识。在信息中，有完美信息与完全信息之分，完美信息是指参与人对其他参与人的情况有准确了解，而完全信息则是指自然初始行动被所有参与人完全观察了解到。战略是指参与人的行动规则，它规定在什么情况下参与什么行动。效用是指参与人期待得到的效用水平。❶

按照博弈论的架构，在"垃圾焚烧项目"中，参与人主要是作为实施主体的地方政府与作为参与主体的基层组织和利益相关者。由于它们拥有各自的权力优势，占有不同的信息资源，但有着不同的目标，构成了博弈关系。

1. 作为参与人的实施主体的行动

作为参与人的实施主体，它们的最大效用水平就是使垃圾焚烧项目能够顺利得到国家发展改革委的批复，并能够顺利地开工建设运营，避免发生社会稳定风险事件，实现社会效益与经济效益的最大化。当然，这是假定在其他主体都支持的条件下，这种可能才有发生。在现实中，由于涉及多方利益的博弈，因而，实施主体的行动或多或少会受到多种条件的约束，进而影响到目标的实现，但为了实现预期的目标，参与人会采取积极的行动，以便在后续的博弈中占据优势地位。比如，"垃圾焚烧项目"，地方政府主动出击，了解与项目相关的单位对项目的意见（见表4-4）。

表4-4 利益相关者的意见调查

	被调查对象	意见和建议	是否支持项目建设
1	N市城管委	建设焚烧发电厂后，可以实现原生垃圾零填埋，达到国家对省会城市垃圾处理的政策要求；同时，原麦园垃圾填埋场停止填埋后，可最大限度消除污染，改善周边环境，对社会稳定起到积极推动作用	支持该项目建设

---

❶ 张维迎. 博弈论与信息经济学 [M]. 上海：上海人民出版社，2004：49-51.

续表

	被调查对象	意见和建议	是否支持项目建设
2	N市环境保护局昌北分局	(1) 项目建设和运营应严格按照环评报告和环保部门有关要求，落实环境风险防范和应急措施，落实企业主体责任，不断提高环境风险防控能力； (2) 应严格按照国家有关要求做好群众意见调查，充分听取有关群众和单位的环保意见； (3) 项目建设必须严格执行环境保护"三同时"制度，环保投资必须专款专用，项目建设完成后按国家有关规定进行环境保护竣工验收，确保环保设施正常运行，污染物达标排放	依据有关法律法规办理环保手续，落实环评报告和环保部门要求的各项防止措施前提下，支持该项目建设
3	N市经济技术开发区贸易发展局	无意见	支持该项目建设
4	蛟桥镇人民政府	希望按照相关要求尽快开展项目建设	支持该项目建设
5	N市师范学院	项目建设要确保不对周边水环境、大气环境、声环境以及土壤环境产生破坏和影响，要求垃圾填埋场搬离，且不希望垃圾焚烧厂上马	反对该项目
6	N市第二中学昌北校区	处理好垃圾渗滤液	支持该项目建设
7	N市经济技术开发区双岭小学	无意见	支持该项目建设
8	附近居民	反对项目上马	反对该项目

资料来源：《N市固废处理循环经济产业园垃圾焚烧发电项目社会稳定风险分析报告》，第58—60页。编制单位：N市海量投资咨询有限公司，2017年6月10日。

从以上调查的情况中可知，与项目相关的单位，基本都支持项目，仅N市师范学院明确反对项目上马，既希望原来的垃圾填埋场搬离，又反对垃圾焚烧厂在原址的建设。由于N市师范学院属于地方院校，即使反对项目上马，但它属于N市人民政府的管辖范围，因而不具备与地方政府讨价还价的能力。因而，地方政府的行动主要针对那些附近居民，他们没有具体的单位归属，但又具备一定的行动能力。

2. 作为利益相关者的参与主体的行动

如上所述,"垃圾焚烧项目"的利益相关者涉及的对象很多,但真正能够对实施主体构成挑战的是附近的居民。

附近居民之所以成为反对的主要力量,主要原因在于:第一,认为麦园垃圾焚烧发电项目选址不符合国家相关法律、法规的规定;第二,少数居民担心项目在以后运营过程中存在污染物"偷排"行为,认为该项目无法真正做到透明、公开、全程受监督;第三,少数人认为麦园垃圾填埋场散发的臭气问题长期没有得到解决,对相关政府部门和企业承诺的公信力持强烈怀疑态度;第四,对项目建设方散发的宣传资料中的内容提出异议,认为宣传资料中只宣传垃圾焚烧处理的优点,不涉及垃圾焚烧处理可能会带来的负面影响,内容不全面、不客观。而且,居民担心二噁英带来的影响。笔者在调查中发现,周边小区许多居民从网上及其他媒体上了解到垃圾焚烧产生的二噁英会对人体带来严重的危害,均对项目防范措施表示担忧,不相信政府有能力能控制其对人体的危害。

参与主体的初期的行动主要是利用网络等新媒体,从而造成网络聚集效应,给地方政府施压。这种行动方式,既解决了集体行动的困境,又规避了自身风险,还可以形成压力,可谓一举三得。由于居民的单位归属比较零散,甚至有很多属于体制外的人,不是单位人,因而很难通过组织行动来约束其行为。然而,这部分群体又掌握了一定的资源,比如,他们当中拥有比较专业的法律知识的群体,有一定的动员能力,善于利用现代的媒介来维权。

与传统媒体主导下的大众传播相比,借助网络论坛、QQ群、手机登录新媒体传播平台,普通公众可以不受组织化的大众媒体的把关限制,将个体所感知到的风险告知他人,与他人共享风险信息和风险知识,达成风险共识,从而达到将风险问题化、公共化的目的。这种风险共识聚焦于风险对公众生命健康所构成的威胁上,具有广泛的动员潜能,而新媒体传播的便捷性和低成本性优势则又使得这种动员潜能能够在短时间内迅速转化为公众的集体行动,给决策者带来强大的社会舆论压力。

当然,如果在网络舆情高潮期来临之前,政府采取积极引导措施的话,可以大大降低群体性事件网络舆情对社会的影响程度，即由实线到虚线的发展过程。如在"南海东方3·23事件"发生后，为了做好群众的稳定工作，24日，东方市政府组织镇村两级干部50余人，抽调村里外出工作的机关干部、教授70多人，共120余人组成4个工作组，深入村户做群众思想教育工作，宣传有关法律和政策，一度出现的谣言和猜疑迅速消退。原因就在于政府及时发布事态进展情况，相关部门快速积极跟进，紧紧掌控舆情态势，最终使网上舆情平稳；反之，如果没有及时掌控网络舆情的扩散，群体性事件的网络舆情就会造成严重的社会负面影响，普通的群体性事件甚至会发展成为需要中央政府出手干预的公众事件或者更大规模的群体性事件。但是，此项目涉及的对象非常分散，而且有些附近的居民虽有住房，但长期不居住在附近，因此，政策宣传等常规方式难以达到应有的效果。

二、主体间的博弈

我们知道，博弈论是复杂的，涉及的模型、要素等非常多，本书作一简化，仅探讨作为参与人的实施主体与参与主体之间的讨价还价，而其中，主要分析地方政府与项目附近零散的居民之间的博弈行为。

1. 实施主体与参与主体的行动组合

首先分析实施主体的行动组合。有关行动组合的经典案例体现在"囚徒困境"的模型中，不同的行动组合所获得行动效用是不一样的，而是否采取不同的行动组合，与信息是否掌握了完备的信息有很大关系。[1] 同理，作为参与人的实施主体，也需要采取不同的行动组合，使之在行动中占据先机。

实施主体的行动组合包括政策宣传、组织动员和软硬兼施等方式。一是利用自己的信息优势，向民众展开宣传攻势，普及"垃圾焚烧项目"的重要性和必要性，同时，通过采取各种方式消除民众对"垃圾焚烧项目"的担忧。政策宣传的形式有利用现场、网络等形式，同时，还通过发放调查问卷的方式，收集群众对项目的意见，借机宣传"垃圾焚烧项目"。比

---

[1] 张维迎. 博弈论与信息经济学 [M]. 上海：上海人民出版社，2004：15-17.

如，采取发放问卷的方式来向民众征集意见和政策宣传（见表4-5）。

表4-5 项目的政策宣传表

问题	类别	参与人数	占总人数的百分比（%）
您对本项目是否了解？	非常清楚	86	46.7
	了解	14	7.6
	有些了解	37	20.1
	听说过，但不大了解	40	21.7
	没听说过	5	2.7
	缺失	2	1.1
您主要从哪些途径了解本项目的？（多选）	电视媒体	23	13.6
	报纸媒体	23	13.6
	广播	5	3.0
	互联网	23	13.6
	建设、设计施工单位介绍资料	15	8.9
	会议	3	1.8
	当地政府组织的宣传	48	28.4
	规划、环保等部门公示	3	1.8
	其他	26	15.4
本项目将会对您产生哪些直接关系？（多选）	征地	16	8.1
	拆迁	15	7.6
	环境污染	72	36.4
	农业生产	6	3.0
	出行（交通）	15	7.6
	就业	5	2.5
	收入	0	0
	其他	62	31.3
	没有任何关系	7	3.5

续表

问题	类别	参与人数	占总人数的百分比（%）
您最想了解哪些方面的信息？（多选）	征地拆迁范围及补偿标准	41	21.5
	对生态环境有哪些影响	66	34.6
	环保措施	33	17.3
	其他	51	26.7
您是否支持对垃圾进行无害化、减量化、资源化处理？	很支持	114	62.6
	支持	68	37.4
	不支持	0	0
您对项目在当地实施所持的态度是？	十分支持	104	59.1
	有条件的支持（在做好征地拆迁补偿和生态环境保护等前提下）	71	40.3
	不支持	1	0.6

二是利用网络向广大民众公示，此举实际上是向民众表明政府支持该项目上马的决心，先造舆论。

行动的第二步是组织动员，即积极寻找反对群体所在的组织，利用组织的力量来施加对个体的影响。比如，附近的某师范学院，尽管师生反对该项目的上马，但该校师生所在的单位受地方政府管辖，因而，利用学校对师生实施有效动员。这样，虽然有师生反对，但形成不了合力。对附近居民，则主要采取摸排的方式，寻找个体的可能归属来进行动员。行动的第三步就是软硬兼施，对那些既无组织归属，又找不到合适的动员载体的个体，则利用政府的优势，采取软硬兼施的方式。

这样，作为参与人的实施主体的行动组合就是政策宣传+组织动员+软硬兼施，并依此顺序展开行动，试图在博弈中占据有利地位，实现最满意的效果。

相应地，参与主体通过行动组合来应对，他们通常使用的办法是舆论造势、漫天要价和集体行动。

首先通过舆论造势，形成舆论场，在网络形成虚拟聚集，给政府施压。利用网络社区、百度搜索和微信群来传播同类项目的负面消息（见附录3）。

从公开信的内容可以看出，附近的居民做足了功课，而且查阅了相关的文献，比较专业，从而引起了众多网友的围观，达到了形成舆论场的效果。由于形成了网络聚集，第二步就开始漫天要价，比如损失的赔偿、环境补偿等。第三步就是采取集体行动，集体维权。因此，参与主体的行动组合一般就是舆论造势+漫天要价+集体行动。

2. 实施主体与参与主体间的博弈

双方博弈的过程就是利用双方的信息优势来展开讨价还价的过程。实施主体拥有权力资源，控制着官方的舆论场，面对参与主体的新媒体的攻势，采取正面的更为主动出击的反击。通常的做法：一是控制新媒体的信息发布，利用舆情管理，监控负面消息的发布；二是做好正面积极的宣传攻势，比如利用网络正面宣传建垃圾焚烧厂的好处。

麦园垃圾场规划建成垃圾焚烧发电厂经开区"毒瘤"要"变废为宝"了![1]

麦园垃圾场要"变废为宝"，规划建垃圾焚烧发电厂。近年来，经开区越来越多的住宅小区（万科、绿地、恒大、中海、正荣、新力、城泰等）在建或交房，当下人气渐涨的经开区，解决垃圾场污染问题，是重中之重的民声问题，原麦园垃圾填埋厂规划建成垃圾焚烧发电厂这一举措的公示，意味着经开区居民多年来的心头大患要解除了，着实是个好消息！

……

民众则利用正常的投诉通道，比如，地方领导留言板，来表达诉求。

当然，这只是第一步，仅通过网络还难以达成共识，也形成不了交锋，但社会稳定风险问题始终存在。

地方政府强调，垃圾焚烧厂是现代城市处理垃圾的通用方式，比如，武汉市已经有了7座垃圾焚烧发电厂，而N市仅有2家，明显滞后。为什么武汉可以建，N市不能建？附近居民的回复是，武汉的垃圾焚烧厂都在

---

[1] 资料来源：https://www.sohu.com/a/205723596_752426.

8公里之外,而麦园的垃圾焚烧厂在5公里范围内有大量的居民。政府强调原麦园垃圾填埋不尽早处理,对周边的环境将是致命的,而垃圾焚烧是一揽子解决的最佳方案,而居民的看法是:已经容忍了20年的臭味,再忍受几年,麦园垃圾填埋已经到了30年,好不容易熬到头,又要新建一个垃圾焚烧厂。

尽管居民有反对意见,但由于个体比较分散,前期做了一些集体维权的行为,但经过政府的努力,基本都得到了化解,政府最终决定垃圾焚烧厂还是要开工,并且在媒体上公开宣称2018年11月开工,2020年完成。

这样,作为参与人的实施主体与参与主体之间的博弈,通过各自的行动组合来进行,政策宣传、组织动员和软硬兼施与舆论造势、漫天要价和集体行动相互交锋,由于实施主体在信息和权力的拥有方面更具优势,因而,在权威性和话语的合法性方面占据先机,在博弈中占据了有利地位,当然,考虑到参与主体的行动可能会成为潜在的社会稳定风险,也会做出一些让步,尽可能保持二者之间的平衡。

第四节 组织中的权力与规则[1]

在上几节,本书讨论了各主体的权力关系,并结合案例进一步分析了这种权力关系是如何运行的,这一节,本书把权力与规则放到组织中,借助于组织学的基本理论,来进一步探讨权力与规则的关系。

---

[1] 尹利民,等. 权力与规则:集体行动的组织学分析框架[J]. 江西社会科学,2015(10):201-206.

一、组织中的行动者及其策略

从经验来看,很多的集体行动都是在组织中进行的。行动中的组织既可能是正式组织,也有可能是非正式组织。上述"垃圾焚烧项目"给地方领导留言板的留言,虽然看不出有正式组织在背后策划,但从留言的内容来看,是有非正式组织在背后推动的。无论是组织,还是个体,我们都可称之为行动者或参与者。因此,作为讨论的基础,揭示行动者的性质及其行动策略是剖析集体行动机理的前提。

(一)组织中的行动者

从组织学的角度来看,行动者是构成组织的基本要素,组织中的行动者是受理性组织严格限制的且拥有固定角色的个体。从古典组织理论对人性假说的历史脉络来看,个体经历了从政治人、经济人、社会人到复杂人的变化,而推动个体变化的动力也在发生着相应的改变,但其人性和需求是相对不变的,因而是可以预知的,甚至是可以左右和操控的,只要人们找到了行动的动力要素就可以对行动进行预测和控制。❶ 换言之,在组织中,行动者的行动可以通过寻求其动力加以预测和控制。然而,经验表明,行动者在行动过程中并非完全会遵循组织规则,任何组织的规则也都不可能限定行动者的一举一动。因而,行动者不能被视为对组织机械地服从的个体,或者说至少不能被视为能够被组织无条件地控制的个体,相反,应该把它看作拥有自主权的行动主体。行动者能够行使自己的自由,能够进行计算、操作和决策,能够让自己适应环境,并对其他行动者的诸种行动策略做出相应的回应。进而言之,每个行动者都有着潜在的组织能力、选择能力、决策能力与创新实践能力。他们有能力建构组织、选择组织,并根据存在的条件与环境进行决策,从而做出有利于自己的选择。也

---

❶ 米歇尔·克罗齐耶,埃哈尔·费埃德伯格. 行动者与系统 [M]. 上海:上海人民出版社,2007:27-50.

就是说，组织中的行动者是自由的，其行动是不确定的。因此，其行动不可能完全被预知，以及完全被控制。在任何环境中，行动者总是试图寻找到属于自己的自由余地，以获得个人利益的最大化。当然，行动者的自由余地有大有小，其大小的范围取决于行动者自身资源的占有程度和对其他行动者资源的控制程度。组织的行动者因其本身拥有的资源不同，其行动的自由余地不同，其不确定性程度也有所不同。行动者对其自由余地操控和对其不确定性的利用决定了其各自拥有的权力的大小，决定着其在组织中的地位。因此，组织中的行动者都试图通过增加自身资源的占有和对其他行动者资源的控制来扩大自己的自由余地。可见，组织中的行动者是复杂的，其行动既是自由的又是不确定的。

(二) 行动者的策略

由于组织中的行动者是自由且不确定的，因而他们之间的合作非常困难。然而，仅凭个体的自由行动，很多目标是无法企及的，只有通过参与组织，与其他个体一道形成合力方可实现。如前所述，行动者首先是理性的个体，参与组织的行动者总是试图通过操控不确定性，来使自己的利益最大化，并通过努力控制其他参与者和整个组织来使自身的参与行为获得最大的回报，此举谓之为"行动者的策略"。从理论的角度来看，行动者策略通常可以分为两类：进攻性策略和防御性策略。进攻性策略是指每个行动者都试图通过控制其他行动者来实现自己的行动目标，从而满足自身需要。在既定的组织中，尽管有共同的组织目标，但行动者总是试图构建自己的利益蓝图，从而想方设法地增加自己的不确定性，进而来扩大自己的自由余地，以掌握更多的资源，获取更多的权力。比如，一项集体行动的组织者，并非完全为了他人的利益来组织这场运动，他总是会在行动过程中试图掌握各种信息，占有对自己有益的资源，从中获取权力来满足自身的某种需要，这就是一种进攻性的行动策略。而防御性的策略，则是指行动者通过操作自身的自由余地来尽力规避其他行动者对他的控制。或者说，行动者试图通过保护和扩大自己的自由余地来减少对其他行动者的依赖，以减少行动的不确定性。进入组织的行动者扮演着不同的角色，但是

/ 第四章　社会稳定风险评估中的权力与规则 /

他们并非被角色掌握和控制的个体。结构功能主义主张有既定组织角色的人，会自发地迎合他们角色一方的期望。实际上，理性的行动者往往不会完全按照角色期望来行事，他们有时会背离这种角色期望，以减少对其他行动者的依赖，获取某种优势和权力，这样才会在协商谈判中增加筹码，讨价还价才成为可能。比如，在企业中，企业员工偶尔也会违背上司的意愿，以获取某种有利于自己的优势和资源。又如，有时地方政府对中央政府决策的"变通执行"或"选择性执行"❶，其意图就在于减少某种依赖，提升自身行动的自由余地。再如，上述"垃圾焚烧项目"民众行动的案例，不与政府发生正面的交锋，这是一种典型的防御性的行动策略。总之，组织中的行动者，他们会通过选择进攻性或防御性的行动策略来减少对其他参与者的依赖，以实现自己的利益最大化。

二、组织中的权力与规则

上文阐述了组织中的行动者与策略的特性，为揭示个体在组织中的行动及其特性奠定了基础，但若要理解组织的行动者的基本属性，还需进一步揭示组织中的权力与规则。

（一）组织中的权力

前文讨论了社会稳定风险评估中的权力，一般意义上的权力是指一种影响力或控制力。学者们对权力的理解有比较大的分歧。如韦伯把权力看作行动者可以排除一切抗拒以贯彻其意志的机会，❷而吉登斯则把权力视为个体"改变"既定事态或事件进程的能力。❸ 在组织理论中，权力是一种关系，同时又是一种行动者行动的能力。❹ 组织是由行动者自由建构的，

---

❶ Kevin J. O'Brien, Lianjiang Li. Selective Policy Implementation in Rural China [J]. Comparative Politics, 1999, 31.
❷ 高宣扬. 当代社会理论（下）[M]. 北京：中国人民大学出版社，2010：78.
❸ 吉登斯. 民族国家与暴力 [M]. 北京：生活·读书·新知三联书店，1998：78.
❹ 米歇尔·克罗齐耶，埃哈尔·费埃德伯格. 行动者与系统 [M]. 上海：上海人民出版社，2007：88.

并在自由和平等的基础上让渡他们部分权力所构成的一个集合体。然而，组织并非自发形成的，它是人们为解决特定的问题而进行的联合体。这种联合行动是行动者为了各自的利益不得已而为之的，换言之，这种联合并非善意的、纯粹的，其中包含着行动者理性的选择。由于存在着集体的共同目标，而仅依靠单个行动又无法企及，故共同目标促成了成员间的合作。因此，合作是组织最基本的要素。当然，行动者在合作中仍然是理性的个体，他们时刻保持自由行动，不断地运用权力进行着交换，从而来达成合作。因此，交换是合作的前提，合作推动了交换，合作与交换相互依存，共同推动组织的发展。可见，组织中最核心的关系是合作关系和交换关系，而权力则是合作和交换的前提，也是行动者进行合作和交换的一种能力。

(二) 组织中的权力交换关系

进一步来看，组织中的权力是一种非均衡的交换关系。一方面，行动者各异，其所掌控的资源、信息以及其与环境的关系等方面都不相同，从而形成一种非均衡关系；另一方面，来自环境和"有限理性"的行动者带来的不确定性构成了另一种形式的非均衡关系。交换关系则体现在：双方只有相互交换，才有可能实现他们共同的目标，确切地说，权力只有在交换关系中，才能表现出来。如前所述，成功的合作需要合理的分工协作。然而，行动者在合作的过程中，由于拥有的权力和资源不同以及行动能力存在差异，其影响力和重要性都不一样。可见，权力是行动者进行合作的前提和基础，拥有权力即获得了在组织中占据有利地位的能力，反之，则有可能导致他们对资源控制的不确定性，使其处于非均衡不平等的关系中。权力既是交换关系得以开启的"工具"，也是组织中行动成员进行交换的能力。组织中的交换可以分为经济性交换和政治性交换，前者强调行动者在"给予与获取"的基础上仅仅进行资源或行为的交换而不涉及构成交换的诸种条款或规则，后者则强调在资源交换的同时行动者更看重对条款或规则的操纵,以期获得更加长久的自身利益。❶ 在交换关系中,利益各方会竭尽所能动用各种资源,展开或明或暗的竞争,并千方百计地利用自己的优势,通过缩小其不确定性领域以扩大对手的不确定性领域,使交换能够按照自己设定的方式进行。

综上可知,权力不是强制力、影响力,而是行动者进行合作和交换的能力。组织中每个参与者想要在组织中实现自身的需要就必须获取权力,进而来进行合作和交换。

(三) 组织规则

由上可知,行动者拥有权力并且运用权力来实现个人目标,但是这并不意味着权力可以无限制地使用而不受任何制约。滥用权力会导致组织结构的失衡,不利于组织的健康发展,甚至可能导致组织变得畸形。因此,组织的健康有序运转离不开对权力的有效控制,离不开规则的约束。进而言之,如果把集体行动看作一种"游戏",那么行动者在"游戏"之中是相互作用的,双方在决策和做出选择方面相互依赖,彼此间的行动皆会给对方带来限制和约束。"游戏"促使不同的行动者进行合作,但是在"游戏"之中行动者不能恣意妄为,其必须遵守游戏规则或彼此间签订的契约,否则会陷入集体行动的困境。比如,2007年的"厦门PX事件",其约定的规则是以不破坏现有的法律和影响公共秩序正常运转为前提。❷ 当然,规则具有两面性,一方面它对参与的行动者构成了制约和限制,行动者都必须在规则限定的范围内采取各自行动,否则,谁都有可能将为此付出代价;另一方面规则又对参与其中的行动者形成保护,因为规则是行动者们协商的结果,是行动者彼此之间通过讨价还价、协商谈判完成的,它的形成涉及相关利益群体各方的愿望、目标或规划,而不仅仅是某一方行动者的选择。

---

❶ 埃哈尔·费埃德伯格. 权力与规则:组织行动的动力 [M]. 上海:上海人民出版社,2005:131.
❷ 尹利民,等. 组织化与非组织化:群体性事件的后果及其控制——几个典型案例的组织学分析 [J]. 理论与改革,2014 (2):117-120.

从组织学的角度来看，由于行动者各自拥有的权力各异，其行动能力大小不一，因而其影响力和在组织中的地位会不同。在组织规则形成的初期，处于重要地位或主导地位的行动者往往会在其中起主要作用，而处于次要地位或从属地位的行动者则往往处于被动接受的状态。但是，行动者永远都不会默默地忍受这种他们认为不合理的规则安排，他们会极力地寻求自己的自由余地，努力地扩大自己的不确定性，同时减少自己对他人的不确定性以缓解规则对他的约束。同时，随着行动者人为地制造越来越多的不确定性，权力关系随之发生变化，组织中原有的规则往往会被打破，依据权力关系大小而进行的新一轮的游戏规则的建构由此进行。当然，在规则的建构解构中，行动者是矛盾的。他们逃避规则，歪曲规则，试图绕开规则。同时，他们努力来建构规则，利用规则保护自己，以迫使其他行动者遵守规则，防止他们歪曲规则。当然，组织中的规则有正式与非正式之分。正式规则是一种固定化的均衡与折中，它是各类参与者之间权力均衡与妥协的结果，以一些透明、清晰和可预见的条文作为表现形式。正式规则在一些正式组织中比较常见，如一些组织的章程、制度等。正式规则在组织中发挥着至关重要的作用，它对规则范围内的任何行动者都形成制约，行动者必须在规则限定的范围内行事。正式规则往往具有强制性，它严格规定了行动者的有所为和有所不为，并且以奖励和惩罚的方式保证了这种人为设计的合理性。但是，正式规则永远不可能对组织做到完全绝对的限制，它始终受到诸种其他行为的挑战，这些其他行为意在反对正式规则中某些不严谨的或不合规的部分。尽管正式规则意味着合理化，意味着消除行动者的诸种不确定性和风险，意味着组织的正常运行，但是，正式规则的实施会遇到各种问题，正式规则的诸种不确定性随之产生。[1] 而正式规则的不确定性，为非正式规则的出现提供了机会。非正式规则是一种相对灵活的、没有清晰文本、富有弹性的规则，这种规则是在拥有自由余地的行动者在共同利益的幌子下追求个人利益过程中形成的。"一些非正

---

[1] 埃哈尔·费埃德伯格. 权力与规则：组织行动的动力 [M]. 上海：上海人民出版社，2005：155.

式规则可以填补正式规则的'缺陷',或者对正式规则进行调整以适应组织的特殊情况。"❶ 当然,组织中的正式规则与非正式规则是相对的,表面上二者目标背离、彼此冲突,其实二者是相互联系、彼此依存的,其联系的中介或桥梁是行动者手中掌握的权力。

三、权力与规则框定下的集体行动

上文重点阐释了组织中的权力和规则,下文具体来探讨在权力与规则框定下的集体行动何以可能的问题。

(一) 集体行动中的权力获取

在上一节,本书讨论了在行动中各权力主体的权力获取问题,但如果我们把行动放在组织的框架内,那么,情景会如何?在如何获取权力的问题上,学界存有技术理性与行为理性之争,但由于没有深入权力的本质问题,因而讨论并无实质性的进展。❷ 不过,在克罗齐耶看来,技术与金钱理性和人际关系理性之间并非简单对立的关系,而是彼此渗透和相互支撑的。因为组织成员必须同时面对实现集体目标的功利理性要求和非正式人际关系所带来的压力,在他看来在人类情感的每一层面都有理性的算计,而在所有的决定中,即使是最具技术性的决定,都会受到情感的约束和限制。因此,行动者的行动是一种特定情境下维护自身利益的策略性行动。如果将权力看作某人使他人按照自己的意愿去行事的能力,那么权力正是策略性行动的核心。❸ 因此,权力是集体行动的核心。可见,获取权力是集体行动的关键。然而,影响集体行动中行动者权力获取的因素是多重的。某种独特的他人无法取得的专业技能、对组织与环境的关系的控制、

---

❶ 安东尼·唐斯. 官僚制内幕 [M]. 郭小聪,译. 北京:中国人民大学出版社,2006:67.
❷ 米歇尔·克罗齐耶,埃哈尔·费埃德伯格. 行动者与系统 [M]. 上海:上海人民出版社,2007:3.
❸ 杨甜甜. 作为行动领域组织中的权力与规则——评费埃德伯格的《权力与规则》[J]. 社会学研究,2007 (4):230-242.

信息的不对称性，以及对组织的规则操纵，等等，都有可能成为其影响因素，但最为重要的影响因素还是行动者的不确定性。如前所述，行动者都是"有限理性"的个体，这会导致他人行动不确定性的增加。这种不确定性为行动者之间的谈判和协商提供了条件，每个人都试图通过控制他人的不确定性来获取于己有利的权力。❶ 当然，组织与外部环境亦是不确定的。环境的不断变化，使得组织结构处在一个不断调整的动态中，由此促成了集体行动与行动者的不确定性之间的内在关联。换言之，作为由面对诸种实际问题的人们构成的诸种联合行动，集体行动能否达成，始终取决于不确定性现象——它们的出现、存在及发生的作用是不可能预测的。由上可知，不确定性是行动者不得不共同面对的问题，而对不确定性不同程序的把握则构成了组织及其参与者的权力关系。不确定性是行动者进行商讨时的主要资源，不确定性意味着权力。行动者在集体行动的过程中往往制造人为的不确定性，以使组织中业已现身的客观的不确定性受到遏制，并且通过这种方式来对参与者之间讨价还价关系之中的诸种失衡进行协调，以便于在可接受的程度上减少自身的损失。以当前最为常见的集体上访事件为例，集体诉求是否能够实现，带有很大的不确定性，集体行动过程中的单个行动者是否能够一以贯之地积极参与也具有很大的不确定性。正因为在集体行动中许多不确定性的存在，才有了参与者的协商和讨价还价，才有了集体行动的组织化，最终成就了集体行动的可能性。❷

(二) 集体行动中的规则约束

获取权力是为了更好地在行动中获取资源，从而使集体行动成为可能。然而，仅仅依靠权力的获取，无法成就集体行动，还需要规则。规则对集体行动可能性的形塑在于其既对集体行动参与者形成规约与限定，同时又为他们自身目标的达成提供基础和条件。如前所述，组织中的行动者

---

❶ 埃哈尔·费埃德伯格. 权力与规则：组织行动的动力 [M]. 上海：上海人民出版社，2005：78.

❷ 尹利民，等. 组织化与非组织化：群体性事件的后果及其控制——几个典型案例的组织学分析 [J]. 理论与改革，2014 (2)：117-120.

拥有一定的自由余地，他随时可能会采取策略来掌控不确定性，并从中获取权力，做出符合自身需要的选择，他们甚至可以逾越组织规则和打破规则，以建立新的规则甚至退出组织。但无论如何，只要行动者想要从组织中获益，就必须参与到组织中去，并投入集体行动中。这样，他们不得不受到组织规则某种程度的限制和约束，并根据其他行动者能够接受和容忍的方式进行选择，否则，集体行动不可能出现。因为纯粹只顾个人利益，而不考虑他人的行动是得不到响应的，从而最终都会面临集体行动的困境。因此，行动的组织者，需要采取策略性的行动，与参与者协商，通过集体行动来实现规避风险的目的。最大限度地降低风险是此次集体行动的基本规则，它约束着参与者的各自行动。进而言之，行动者为了解决共同面对的问题，就必须进行联合行动，他们联合在一起行动的前提是组织的规则机制。规则的诸种机制指向目标的程度，取决于参与者能够在多大程度上将他们的合作成果吸收和转化成既得的风险投资收益，并且能在多大程度上将他们作为目标加以内化，由此将他们的交易服从于这些目标的要求，并且愿意向他们的对手做出让步。❶ 可见，规则与集体行动的可能性之间同样具有很强的相关性关系。当然，规则有正式与非正式之分，对集体行动的影响是这两者的混合，也就是说是一种"混合规则"的影响，当然很难区分到底是哪一种规则的影响更大一些，这需要看集体行动的性质和诉求的问题。比如，广东南海本田汽车工人要求加薪的集体行动，正式规则的影响大一些，而厦门的"PX事件"则受非正式规则的影响大一些。综上所述，行动者建构组织，其目的是希望通过合作来达成共同目标。组织中的合作与协商谈判活动并行，行动者手中的权力是其进行合作与协商谈判的能力。然而，行动者并非可以无限制地运用手中的权力，因为权力要受到规则的制约，行动者只有在规则的约束下才能达到权力的均衡，从而使组织得以存续。本章从组织学的角度构建了集体行动的分析框架，旨在为理解集体行动何以可能的问题，为更好地控制集体行动后果和有效治

---

❶ 埃哈尔·费埃德伯格. 权力与规则：组织行动的动力 [M]. 上海：上海人民出版社，2005：78-80.

理群体性的事件奠定理论基础，也为后续的集体行动的经验研究提供一个有效的分析框架。

综上，这一章本书重点讨论了权力与规则的问题，分别结合社会稳定风险评估的具体案例和组织理论来展开，也进一步验证了前面提出的权力与规则逻辑关系所衍生的两个理论命题。

在社会稳定风险评估中，权力主体的类别分为委托主体、实施主体、监督主体和参与主体，其拥有的权力有不同，委托主体拥有决策权，实施主体占有执行权，而监督主体和参与主体分享监督权和参与权。由于他们权力的来源不同，拥有的信息渠道也不一样，因而，其权威性和话语的合法性有差异。显然，实施主体和参与主体在社会稳定风险评估过程中，扮演着主角，在权力结构中也起着支配的作用，而委托主体和监督主体，很多角色是象征性的。由于实施主体和参与主体的角色重要，因而，他们之间的权力关系影响着评估的结果。在实践中，他们总是会利用自己的优势，构成行动组合与对方展开博弈，各自都有自己的行动优势，但把它们置放在组织领域，其行动遵循着集体行动的逻辑。在集体行动中的权力与规则，相互嵌入，相互制约，成为影响行动的重要因素，而本书研究社会稳定风险评估，揭示其背后的权力与规则的逻辑就显得十分重要。

第五章
研究结论与政策建议

通过以上几章的探讨,并结合案例资料展开了分析,社会稳定风险评估的过程始终贯穿着权力与规则,其中的问题也与此相关。由此,本书可以得出如下研究结论并以此提供政策建议。

第一节 研究结论

一、社会稳定风险评估政策的形成源于实践的需要,中国的社会稳定风险形势推动着政策的不断完善

社会稳定风险评估的政策起源于如火如荼的群体性事件,其制度创新仍然遵循诱致性的制度变迁的逻辑,通过地方试点,经验积累,再到全国推广的演进路径,有着自己的触发机制,但也反映了在新的历史条件下,国家与社会的关系发生新的变化,需要通过制度调适来适应这种变化,保持政治生态的总体平衡。从国家的政策供给方面来看,通过多重方式吸引公民的参与是政策导向,但限于不同的主体,其获取信息的渠道、方式有差异,从而在它们互动中始终处在不平衡格局中,其权威、话语合法性也存有差异。

二、社会稳定风险评估的过程机制形成与风险生成逻辑相吻合，制度化、程序化和科学化的风险评估是防范风险的重要前提，利益分享与信息公开是风险防范的关键

社会稳定风险评估的一般程序有风险调查、风险识别、风险分析、风险估计和风险防范等环节，其中，风险调查是基础，风险识别、分析和估计是核心，风险防范是关键。笔者通过案例研究发现：在社会稳定风险评估的环节中，风险调查容易流于形式，能够遵循基本的程序，但风险识别和分析缺乏科学性，风险防范措施可操作性不强。评估中的主要问题在于公民参与度不足，公共权力僭越边界常有发生，常常导致国家与民众之间的关系出现冲突和矛盾。研究还发现：社会稳定风险评估中的问题，还与各主体获取信息的能力的差异有关，信息在其中扮演着重要角色。因信息的不对称，致使各权力主体扮演不同的角色，隐藏着潜在的社会稳定风险。因此，既注重形式，更要关注内容的评估程序对于评估过程机制的形成至关重要。

三、社会稳定风险评估的过程涉及多个权力主体的博弈，交织着权力与规则的相互渗透。权力与规则的互相嵌入，既反映了社会稳定风险评估在现代社会的要求，同时，也彰显了在新的历史时期国家与社会的关系

一般而言，权力主体的博弈都是围绕利益展开的，社会稳定风险的源头也大多与利益有关，建立一个合理的利益分享机制，整合社会资源，是控制社会稳定风险的根本之策。在社会稳定风险评估过程的实践中，通过信息的纽带，把权力与规则，国家与社会紧紧地联系在一起，基于信息的权力获取，与基于信息的规则的约束，对权力主体的权威、话语合法性有着至关重要的影响，而对基于信息基础上的国家与社会的关系也有着深远的影响。在这个信息爆炸的时代,这个进入风险社会的时代,牢牢把握着信息是控制风险的最有力的武器。

四、降低社会稳定风险发生概率,需要从约束公共权力的边界入手,充分的信息共享机制的建立,国家与社会关系的良好协商等必不可少

随着社会的快速转型,社会风险不可避免,对风险要有正确的认识。治本之策在于提高政府的公共服务水平,限制公共权力的边界,建立与民众协商机制、诉求表达机制。在某种意义上,社会稳定风险评估不仅是一种预防机制,更是一种控制公共权力,信息的公开和与民的协商机制。

第二节 政策建议

如果我们把风险看作一种不确定性,那么社会稳定风险就是指社会系统的稳定运行和社会秩序的有序运转处于一种不确定性状态。因此,防范社会稳定风险就是要防止这种不确定性因素的出现和不确定性状态的发生。从前面几章可以知道,影响社会稳定风险的因素很多,但最为核心的因素在于公共权力难以后效控制,利益分享出现了非均衡。因此,从根本上降低社会稳定风险,提高社会稳定风险评估水平是一方面,更重要的是提高政府的公共服务水平,切实履行"维护最广大人民群众的利益"作为行动之基的承诺。党的十八届三中全会指出:"创新社会治理,必须着眼于维护最广大人民根本利益,……确保人民安居乐业、社会安定有序。"但如何使之落地?上述案例为我们进一步揭示了维护最广大人民根本利益的具体举措——利益分享与社会整合,对于防范社会稳定风险的重要意义。可见,利益分享与社会整合是防范社会稳定风险的关键变量,而二者

又存在内在的逻辑关联,即利益分享为社会稳定风险防范提供了经济基础,社会整合则为其提供了社会基础。❶

一、利益分享:社会稳定风险防范的经济基础

利益如何分配?历来是政治学讨论的核心问题。著名的政治学家伊斯顿把政治看作"社会价值的权威性分配",其中,利益的权威性分配是核心内容。❷ 众所周知,市场不仅是一种经济整合机制,同时也是社会结构的生成机制之一。随着中国社会主义市场经济体制的建立,多元的利益主体开始形成,社会结构逐步分化。由于不同利益主体的发育程度不同,因而其争取利益的能力有所差异。利益差异催生利益表达,利益表达有可能导致利益冲突,而利益冲突的根源就在于利益分配的不均。在计划经济时代,我国是一个利益相对均衡的社会,"不患寡而患不均"的观念深深地嵌入其中,并影响人们的日常行为。虽然国家的整体经济活力较差,人们的生活水平也处在一个比较低的层次,但群众间的贫富差距不大,利益结构相对简单,我国社会总体上和谐、有序、平稳。进入社会主义市场经济时代,随着多元利益主体的出现,社会结构与利益结构都发生了变化。虽然市场开始成为配置资源的主要手段,商品生产和交换是人们获取社会资源的主要方式,但由于社会主义市场发育的不完善,政府与市场的关系还没有完全理顺,公共权力、资本等要素常常介入利益分配的过程,并成为影响利益分配最为重要的因素。从理论上看,国家是一个相对独立的利益和目标主体,但作为社会生活中的利益主体和作为市场中的利益主体并非一回事。在实践中,国家(通常是政府或部门)往往会借助于公共权力介入市场或直接成为市场的利益主体,并参与利益分配的过程,在利益博弈中占据强势地位,比如各地政府频繁的征地拆迁行为等;而普通群众则处于利益博弈中的弱势,在利益分配格局中常常得不到应有的尊重。这样,

---

❶ 部分内容已发表,详见尹利民,等. 利益分享与社会整合:社会稳定风险的防范——以P核电项目移民安置为例[J]. 南昌大学学报(人文社会科学版),2014(3):44-50.

❷ 孙立平. 博弈:断裂社会的利益冲突与和谐[M]. 北京:社会科学文献出版社,2006:7.

在政府与普通群众之间就形成了一种非均衡的利益分配格局。正如有些专家学者所认为：市场关系具有交易性和对抗性两大特性，交易关系体现了交易主体的相对独立性和竞争性；对抗性则意味着在交易过程中，常常渗透着权力关系或权力结构，从而在交易中出现形式的平等和实际的不平等的现象。而权力关系渗透于交易过程之中，使得交易具有了不对等的特性。❶ 比如，万安水电站征地拆迁的利益相关者，包括农民、地方政府与电力项目运营公司等，农民与地方政府间在征地拆迁中的关系并非完全是市场关系，即农民并非相对独立的利益主体，因而在交易中并没有完全的自主性，如对征还是不征以及如何定价等问题都没有多大的发言权（如征地拆迁补偿标准）。政府又常常借助于公共权力，来破坏正常的交易关系，从而侵害交易对象的权利，而自身却在这种不公正的交易关系中获得某种程度上的利益，从而进一步加剧了利益分配的不均。利益分配不均的后果是严重的，不仅容易增加群众的相对剥夺感，激发利益冲突，进而刺激其利益表达的冲动，而且极易拉大群众间的贫富差距，推动阶层的分化。经验表明：当前我国发生的社会稳定风险问题，很多问题的起因就在于利益分配的不均。比如，政府开发性征地行为过程中的社会稳定风险问题，就是土地的收益分配向政府倾斜导致的。❷ 又如，因环境利益受损而导致的社会稳定风险问题也是利益分配不均所带来的。"环境利益只是必须依附于一定的人之上的不能独立存在的利益，环境是人类共有的财产，它不存在为个人所享有的物质基础。"❸ 因此，经济发展过程中所出现的环境风险问题，完全转嫁给普通群众去承担而没有任何补偿，显然是不公正的。❹ 利益分配不均需要通过利益分享来弥补，或者说，当在初次的市场交易中，限于各种因素的约束，无法通过市场的方式来推进时，需要在第二次乃至第三次分配的过程中加以弥补，通过利益分享来实现相对的利益均

---

❶ 李路路. 社会结构阶层化和利益关系市场化——中国社会管理面临的新挑战 [J]. 社会学研究, 2012 (2): 1-19.
❷ 李力哲, 任大廷. 农地征收中的利益协调机制构建 [J]. 黑河学刊, 2013 (4): 175-176.
❸ 汪劲. 伦理观念的嬗变对现代法律及其实践的影响 [J]. 现代法学, 2002 (2): 124-130.
❹ 杜健勋. 环境利益: 一个规范性的法律解释 [J]. 中国人口资源与环境, 2013 (2): 94-101.

衡。所谓利益分享就是在经济活动过程中，对所涉个人、集体或组织能够合理地分享所产生的利益成果。因此，利益分享既是利益分配格局中的起点，也是实现利益均衡的重要方式，从而成为社会稳定风险防范的经济基础。上述案例正是遵循了这一逻辑，才在社会稳定风险控制的实践中成功地达到了预期的目标。当然，利益分享并非利益的平均分配，而是利益受益方对利益受损方的适当补充，这种补偿既可能是实质性，也有可能是象征性，无论哪一种分享，都有利于缓解农民的相对剥夺感，有利于减少利益矛盾和冲突。实践证明，只有构建以利益分享为基础的利益均衡机制，才有可能化解利益冲突和矛盾，从而有效地防范社会稳定风险。

二、社会整合：社会稳定风险防范的社会基础

利益分享虽然为社会稳定风险的防范提供了经济基础，但由于利益分享很多是一次性的，且具有不稳定和不可持续的特性，因此，农民并不能从中获得永久的收益。比如，万安水电项目给拆迁农民的利益分享最多是在基础公共设施的建设、就业的机会等。显然，被征地拆迁农民不可能参与万安水电项目本身的收益分成。与此同时，拆迁农民关注的不仅是利益受损，而且也在乎移民带来的情感上的失落。因此，需要通过实现机制、社会支持和关系调整等社会整合之举措，为社会稳定风险的防范提供社会基础。简言之，社会整合是指社会不同的要素、部分结合为一个统一、协调整体的过程及结果。按照社会学家迪尔凯姆的理论，社会整合有机械整合和有机整合之分。机械整合沿着个体间的相似性—利益的趋同性—集体意识—集体情感的维护—社会稳定的路径演进；而有机整合演进的路径是：社会容量的增加—社会分工—个人利益重要性的突出—协作—社会功能的维护—社会稳定。❶ 当然，这两种整合并非独立运作，而是在不同的社会发展阶段存有差异，但总的来说，机械整合最终要让位于有机整合。

---

❶ 袁泽民，莫瑞丽. "社会整合"的类型及建构——对涂尔干的"社会整合"思想的解读[J]. 理论界，2008（5）：185-187.

不过，无论是机械整合还是有机整合，都需要一定的实现机制、社会支持和关系调整等方可发挥社会整合的功能，其中以沟通交往和参与整合为主要内容。沟通交往整合的实现在于各主体之间的协商与沟通，通过各主体间的平等协商，求同存异，在多元协商沟通互动中达成共识。正如哈贝马斯所言：只有"基于交往理性的主体间商谈和人际沟通可以达成共识，进而可在多元互动的基础上形成新的同一性。"❶ 沟通交往整合的关键在于平等协商，其必要性源于各主体间利益诉求的差异，通过沟通交往、平等协商以寻找利益平衡点，达成共识。换言之，平等协商就是一种政治协商过程，以公共利益为导向，通过平等对话来形成共识，其中，参与者可以自由、公开地表达或倾听各种不同的意见，通过理性地思考，审视各种意见和理由，或者说服他人接受自身的意见，或者改变自身偏好，进而做出合理的选择。❷ 比如，在万安水电项目的征地过程中，民众的利益最大化诉求与政府提供的经济补偿有限性存在着张力，如果依靠传统的单方面治理方式，很难改变被拆迁农民的利益偏好，但通过沟通交往整合，在平等协商的前提下，以公共利益责任为导向，促进了利益相关者的相互理解，从而促使他们支持那些重视所有人需求与利益的具有集体约束力的政策。与沟通交往整合相联系，参与整合对于消除冲突，保证公共理性和普遍利益的实现同样具有重要意义。从政治学的基本理论来看，参与不仅是一套民主制度安排中的保护性附属物，它也对参与者产生一种心理效应，能够确保在政治制度运行和在这种制度下互动的个人心理品质和态度之间具有持续的关联性。❸ 同时，参与也是一种保护私人利益和确保好政府的必要形式。因此，民众积极有效地参与为个人权力和利益保护，以及公共利益的推广提供了前提。可见，参与整合的实现在于利益相关者的有效积极参与，通过个体与接受他的社会的主要空间的联系，来实现社会的整合。当然，公民公共参与的主要目的不仅是分享政府的权力，同时也是为政府分

---

❶ 哈贝马斯. 后形而上学思想 [M]. 曹卫东，付德根，译. 南京：译林出版社，2001：137.
❷ 尹利民，罗钦伟. 维权与治权：县域视野中的群体性事件研究——基于 X 县三个个案的实证调查 [J]. 江西师范大学学报（哲学社会科学版），2011（2）：71-77.
❸ 卡罗尔·佩特曼. 参与和民主理论 [M]. 陈尧，译. 上海：上海人民出版集团，2006：22.

担责任，是为了建立一个公民与政府责任共享、利益共担的社会整合机制，因而有利于防范社会稳定风险。比如，在万安水电项目实施的过程中，从项目的上马、到土地征用、房屋安置以及集中安置小区的规划建设等，均动员了利益相关者的积极参与。在相互的参与整合中，达成相互的妥协和谅解，从而比较好地防范了社会稳定风险。当然，在社会整合的举措中，还有社会支持和关系调整，在万安水电项目实施过程中，均比较好地贯彻了这一理念，比如"帮扶机制"的确立、集中安置的方式等。

三、控制权力：社会稳定风险防范的制度基础

社会稳定风险的防范，一方面需要提高社会稳定风险评估的水平，首先，建立一个信息分享的机制，最大限度地改变信息不对称的局面。目前，之所以参与主体在事前无法进入公共政策的过程，一个很重要的原因就在于信息不透明，他们无法及时获取涉及自身利益的信息，从而在权力结构中不居支配地位，但一旦进入了政策的实施阶段，他们又可能利用一些失真的信息来动员利益相关者的集体行动，从而带来影响社会稳定的风险问题。本书前文提到的"垃圾焚烧项目"就是如此。其次，吸纳公民的参与，不仅在政策实施阶段，决策阶段也应该如此。目前，社会稳定风险评估政策要求公民参与，尤其是利益相关者，但执行主体担心他们的过度参与会影响政策的落地，从而设置各种障碍，阻碍民众参与。由于利益相关者参与不够，他们在政策过程中缺乏足够的话语权，容易造成利益的损失，进而激发他们维权的冲动。因此，提高社会稳定风险评估的水平，通过制度创新提高公民参与水平是关键。

另一方面还需要控制公共权力，从社会稳定风险源头来看，大多数风险源与权力有关系。由于执行主体在权力获取方面具有得天独厚的优势，在权力结构中占据支配地位，常常为了自身的利益而僭越法定权力的边界，与民争利，从而带来社会冲突和矛盾。因此，社会稳定风险防范需要通过制度创新，有效控制公共权力。关键之举是建立权力与规则之间的制度化联系机制，通过规则来约束权力，以权力来推动规则的实施。

综上所述，利益分享有助于满足利益相关者的利益诉求，降低其相对剥夺感，从而增加和谐因素。而社会整合对于缓解社会冲突和矛盾，降低因移民而带来的情感落差，进而防范社会稳定风险具有十分重要的意义。当然，在新的历史条件下，如何正确处理市场化背景下群众的权利问题，是新时期社会稳定风险控制面临的新挑战。无论如何，利益分享与社会整合仍然是协调社会矛盾与冲突、防范社会稳定风险、重塑社会管理的基本理念和方向。

参考文献

一、著作类

[1] [法] 埃哈尔·费埃德伯格. 权力与规则：组织行动的动力 [M]. 上海：上海人民出版社，2005.

[2] 马文·拉桑德. 风险评估：理论、方法与应用 [M]. 刘一骝，译. 北京：清华大学出版社，2013.

[3] 顾严，张本波. 重大决策社会稳定风险评估研究 [M]. 北京：人民出版社，2018.

[4] 卡斯帕森. 风险的社会视野（上、下）[M]. 董蕴之，译. 北京：中国劳动社会保障出版社，2010.

[5] 马克斯·韦伯. 经济与社会（上卷）[M]. 林荣远，译. 北京：商务印书馆，1997.

[6] 宋蕊. 重大投资项目社会稳定风险评估研究与实践 [M]. 北京：中国电力出版社，2017.

[7] 唐钧. 社会稳定风险评估与管理 [M]. 北京：北京大学出版社，2015.

[8] 薛新东. 社会稳定风险评估研究 [M]. 北京：中国社会出版社，2016.

[9] 彼得·泰勒-顾柏，詹斯·O. 金. 社会科学中的风险研究 [M]. 黄觉，译. 北京：中国劳动社会保障出版社，2010.

[10] 西蒙. 管理行为 [M]. 北京：北京经济学院出版社，1988.

[11] 朱德米. 重大决策事项的社会稳定风险评估研究 [M]. 北京：科学出版社，2016.

二、论文类

[1] 黄杰，朱正威，吴佳. 重大决策社会稳定风险评估法治化建设研究论纲——基于政策文件和地方实践的探讨 [J]. 中国行政管理，2016（7）：101-106.

［2］胡象明，王锋. 一个新的社会稳定风险评估分析框架：风险感知的视角［J］. 中国行政管理，2014（4）：102-108.

［3］韩志明. 利益表达、资源动员与议程设置——对于"闹大"现象的描述性分析［J］. 公共管理学报，2012（2）：52-66，124.

［4］卢晖临，李雪. 如何走出个案——从个案研究到扩展个案研究［J］. 中国社会科学，2007（1）：118-130，207-208.

［5］卢超. "社会稳定风险评估"的程序功能与司法判断——以国有土地征收实践为例［J］. 浙江学刊，2017（1）：175-183.

［6］刘泽照，朱正威. 中国社会稳定风险评估实践框架及关键着力点［J］. 西南大学学报（社会科学版），2014（5）：50-57，182.

［7］刘泽照，朱正威. 掣肘与矫正：中国社会稳定风险评估制度十年发展省思［J］. 政治学研究，2015（4）：118-128.

［8］麻宝斌，杜平. 重大决策社会稳定风险评估的主题、内容与方法［J］. 哈尔滨工业大学学报（社会科学版），2014（1）：4，35-40.

［9］张玉磊. 多元主体评估模式：重大决策社会稳定风险评估机制的发展方向［J］. 上海大学学报（社会科学版），2014（6）：124-132.

［10］张玉磊. 重大事项社会稳定风险评估中的第三方参与：意义、困境与对策［J］. 内蒙古社会科学（汉文版），2014（1）：167-172.

［11］张乐，童星. 社会稳定风险评估之评估：过程与效果的综合指标［J］. 南京大学学报（哲学·人文科学·社会科学），2016（5）：49-57.

［12］张静. 案例分析的目标：从故事到知识［J］. 中国社会科学，2018（8）：126-142，207.

［13］朱正威，李文君，赵欣欣. 社会稳定风险评估公众参与意愿影响因素研究［J］. 西安交通大学学报（社会科学版），2014（2）：49-55.

［14］朱德米. 社会稳定风险评估的社会理论图景［J］. 南京社会科学，2014（4）：58-66.

［15］朱德米. 决策与风险源：社会稳定源头治理之关键［J］. 公共管理学报，2015（1）：137-144，159-160.

［16］朱德米. 政策缝隙、风险源与社会稳定风险评估［J］. 经济社会体制比较，2012（2）：170-177.

[17] 朱德米. 开发社会稳定风险评估的民主功能 [J]. 探索, 2012 (4): 57-62.

[18] 肖群鹰, 朱正威, 刘慧君. 重大工程项目社会稳定风险的非干预在线评估模式研究 [J]. 公共行政评论, 2016 (1): 86-109, 184.

[19] 尹利民, 穆冬梅. 权力与规则: 集体行动的组织学分析框架 [J]. 江西社会科学, 2015 (10): 201-206.

[20] 尹利民, 全文婷. 利益分享与社会整合: 社会稳定风险的防范——以 P 核电项目移民安置为例 [J]. 南昌大学学报 (人文社会科学版), 2014 (3): 44-49.

[21] Hunt SD, Nevin JR. Power in a Channel of Distribution: Sources and Consequences [J]. Journal of Marketing Research, 1974, 11 (2): 186-193.

[22] Mahwah, NJ: Lawrence Erlbaum. Towberman DB. A National Survey of Juvenile Risk Assessment [J]. Juvenile and Family Court Journal, 1992, 43 (1): 61-67.

[23] Schwalbe CS, Fraser MW, Day SH, Arnold EM. North Carolina Assessment of Risk (NCAR): Reliability and Predictive Validity With Juvenile Offenders [J]. Journal of Offender Rehabilitation, 2004, 40: 1-22.

[24] Schwalbe CS, Fraser MW, Day SH, Cooley V. Classifying Juvenile Offenders According to Risk of Recidivism: Predictive Validity, Race/Ethnicity, and Gender [J]. Criminal Justice and Behavior, 2006, 33 (3): 305-324.

[25] Sharkey JD, Furlong MJ, Jimerson SR, O'Brien, KM. Evaluating the Utility of a Risk Assessment to Predict Recidivism among Male and Female Adolescents [J]. Education and Treatment of Children, 2003, 26 (4): 467-494.

[26] Shlonsky A, Wagner D. The next step: Integrating actuarial risk assessment and clinical judgment into an evidence-based practice framework in CPS case management [J]. Children and Youth Service Review, 2004, 27 (4): 409-427.

[27] Silver E, Smith WR, Banks S. Constructing actuarial devices for predicting recidivism: A comparison of methods [J]. Criminal Justice and Behavior, 2000, 27 (6): 733-764.

[28] Swets JA. Signal detection theory and ROC analysis in psychology and diagnostics: Collected papers [J].

附录1　国家发展改革委重大固定资产投资项目社会稳定风险评估暂行办法[1]

第一条　为促进科学决策、民主决策、依法决策，预防和化解社会矛盾，建立和规范重大固定资产投资项目社会稳定风险评估机制，制定本办法。

第二条　国家发展改革委审批、核准或者核报国务院审批、核准的在中华人民共和国境内建设实施的固定资产投资项目（简称"项目"，下同），适用本办法。

第三条　项目单位在组织开展重大项目前期工作时，应当对社会稳定风险进行调查分析，征询相关群众意见，查找并列出风险点、风险发生的可能性及影响程度，提出防范和化解风险的方案措施，提出采取相关措施后的社会稳定风险等级建议。

社会稳定风险分析应当作为项目可行性研究报告、项目申请报告的重要内容并设独立篇章。

第四条　重大项目社会稳定风险等级分为三级：

高风险：大部分群众对项目有意见、反应特别强烈，可能引发大规模群体性事件。

中风险：部分群众对项目有意见、反应强烈，可能引发矛盾冲突。

低风险：多数群众理解支持但少部分人对项目有意见，通过有效工作可防范和化解矛盾。

第五条　由项目所在地人民政府或其有关部门指定的评估主体组织对项目单位做出的社会稳定风险分析开展评估论证，根据实际情况可以采取公示、问卷调查、实地走访和召开座谈会、听证会等多种方式听取各方面意见，分析判断并确定风险等级，提出社会稳定风险评估报告。评估报告的主要内容为项目

---

[1] 资料来源：国家发展改革委国家发展和改革委员会文件，发改投资〔2012〕2492号。

建设实施的合法性、合理性、可行性、可控性，可能引发的社会稳定风险，各方面意见及其采纳情况，风险评估结论和对策建议，风险防范和化解措施以及应急处置预案等内容。

第六条 国务院有关部门、省级发展改革部门、中央管理企业在向国家发展改革委报送项目可行性研究报告、项目申请报告的申报文件中，应当包含对该项目社会稳定风险评估报告的意见，并附社会稳定风险评估报告。

第七条 国家发展改革委在委托工程咨询机构评估项目可行性研究报告、项目申请报告时，可以根据情况在咨询评估委托书中要求对社会稳定风险分析和评估报告提出咨询意见。

第八条 评估主体作出的社会稳定风险评估报告是国家发展改革委审批、核准或者核报国务院审批、核准项目的重要依据。评估报告认为项目存在高风险或者中风险的，国家发展改革委不予审批、核准和核报；存在低风险但有可靠防控措施的，国家发展改革委可以审批、核准或者核报国务院审批、核准，并应在批复文件中对有关方面提出切实落实防范、化解风险措施的要求。

第九条 国家发展改革委未按照本办法规定，对项目可行性研究报告、项目申请报告作出批复，给党、国家和人民利益以及公共财产造成较大或者重大损失等后果的，应当依法依纪追究国家发展改革委有关单位和责任人的责任。

评估主体不按规定的程序和要求进行评估导致决策失误，或者隐瞒真实情况、弄虚作假，给党、国家和人民利益以及公共财产造成较大或者重大损失等后果的，应当依法依纪追究有关责任人的责任。

第十条 国家发展改革委、有关部门和机构及其工作人员应当遵守工作纪律和保密规定。

第十一条 各级地方发展改革部门可参照本办法，建立健全本地区重大项目社会稳定风险评估机制。

第十二条 本办法由国家发展改革委负责解释。

第十三条 自本办法印发之日起，国家发展改革委受理的申报项目执行本办法。

附录2　江西省发展改革委重大固定资产投资项目社会稳定风险评估暂行办法❶

第一章　总则

第一条　为促进依法决策、民主决策、科学决策，有效预防和化解社会矛盾，切实维护人民群众利益，推动和规范全省重大固定资产投资项目社会稳定风险评估工作，根据《国家发展改革委重大固定资产投资项目社会稳定风险评估暂行办法》（发改投资〔2012〕2492号），制定本办法。

第二条　省发展改革委审批、核准或者核报省政府审批、核准，符合下列条件之一的重大固定资产投资项目的社会稳定风险评估，适用本办法。

（一）项目用地面积超过500亩；

（二）项目用地规划选址范围内房屋征收涉及被征收人50户以上或需移民安置人口超过200人；

（三）按照《建设项目环境影响评价分类管理名录》的规定应当单独编制环境影响报告书；

（四）在项目审批、核准前发生过大规模集访、群访等群体性事件；

（五）其他可能引发社会稳定风险的。

---

❶ 资料来源：江西发展和改革委员会文件，赣发改投资〔2013〕388号。

转报国家发展改革委审批、核准的固定资产投资项目，按其要求开展社会稳定风险评估工作。

第三条 省发展改革委负责根据项目社会稳定风险情况审批、核准重大固定资产投资项目。

城乡规划、国土资源、环境保护等项目建设前置行政许可审批部门及行业主管部门要按照职责分工要求，各司其职、各负其责，应在向项目业主单位出具规划选址、用地预审意见和环境影响评价等项目建设前置行政许可审批文件中提出相应的风险意见。

省直有关部门、设区市发展改革委、省管企业在向省发展改革委报送项目可行性研究报告、项目核准申请报告时，应当附该项目社会稳定风险评估报告。

第四条 项目单位在组织开展前期工作阶段，应对社会稳定风险进行调查分析，深入了解项目所在区域的自然环境状况和社会历史背景，依托当地政府，充分征询项目建设地点周边群众和各利益相关方意见和诉求，重点查找政策规划和审批程序、征地拆迁补偿、移民安置、生态环境影响、项目建设管理、质量安全和工程款支付等潜在风险点，预测风险发生的可能性及影响程度，提出防范和化解风险的方案措施和采取相关措施后的社会稳定风险等级建议。

第五条 工程咨询单位受项目单位委托编制项目可行性研究报告或项目申请报告时，应积极配合项目单位做好社会稳定风险调查分析工作，形成项目社会稳定风险分析报告，并将其作为独立篇章纳入项目可行性研究报告或项目申请报告。对个别特别重大和敏感的项目，可单独编制社会稳定风险分析报告。

第六条 省直有关部门、设区市发展改革委、省管企业向省发展改革委报送的项目，由省直有关部门或项目所在地政府指定评估主体组织对项目单位做出的社会稳定风险分析开展评估论证，分析判断并确定风险等级，出具社会稳定风险评估报告。评估主体出具的社会稳定风险评估报告，应征得项目所在地政法委、信访、发展改革、国土资源、环境保护部门同意。

省发展改革委在委托工程咨询评审机构评估项目可行性研究报告、项目申请报告时，可以根据情况在咨询评估委托书中要求对社会稳定风险分析和评估报告提出评估咨询意见。

第二章 风险分析

第七条 社会稳定风险分析主要包括拟建的项目在选址、规划、土地征收（征用）、房屋拆迁、环境影响、施工及运行等阶段可能出现的社会稳定突出问题和应对处置预案。

（一）项目在规划选址、规划调整时可能引发的社会稳定突出问题。包括项目建设规划选址的科学性、合理性，规划方案调整的必要性及对群众可能带来的不利影响等。

（二）项目实施前涉及土地征收（征用）中可能引发的社会稳定突出问题。包括征地补偿价格、征地政策、征地程序、补偿款发放和失地农民保障措施等。

（三）项目实施前涉及可能引发的社会稳定问题。包括资源转化涉及的资源配置、环境污染、地上建筑物拆除、拆迁安置情况等。

（四）项目开工及建设中可能引发的社会稳定突出问题。包括招投标环节、安全文明施工、工程款支付、工程质量和劳资纠纷等。

（五）项目建设后期可能引发的社会稳定突出问题。包括就业、社会保障、集体资产处置、危险化学品爆炸或泄露等。

（六）项目其他涉及群众利益可能引发的社会稳定突出问题。

第八条 项目社会稳定风险等级分为三个级别。

（一）高风险：大部分群众对项目有意见、反应特别强烈，可能引发大规模群体性事件。

（二）中风险：部分群众对项目有意见、反应较强烈，可能引发矛盾冲突。

（三）低风险：多数群众理解支持但少部分群众对项目有意见，通过有效工作可防范和化解矛盾。

第九条 项目社会稳定风险分析报告应包括以下主要内容。

（一）风险分析依据。重点阐述编制分析报告所依据的法律法规和规范性文件，以及项目单位通过调查收集获得的相关资料。

（二）风险调查情况。重点阐述项目单位开展风险调查的内容、范围、形式和方法，周边群众和各利益相关方的主要意见和诉求，项目所在地的历史矛盾和社会背景，以及媒体对项目的舆论导向及影响。

（三）风险识别与估计情况。重点阐述可能发生的所有风险（含潜在风险）因素、梳理分析主要风险因素，估计各主要风险因素可能引发的风险事件及其发生的时间、概率、影响范围和潜在后果。

（四）风险防范和化解措施。重点阐述针对主要风险因素研究提出的防范化解措施和应急处置预案，明确风险防范和化解的责任主体、具体内容、风险控制节点、实施时间和要求。

（五）采取措施后的风险等级判断。重点阐述落实风险防范、化解措施后各主要风险因素变化对比，作出落实风险防范、化解措施后风险等级判断。

（六）风险分析结论。重点阐述项目的主要风险及风险防范和化解措施，提出风险等级建议及落实风险防范、化解措施的有关建议。

第三章 风险评估

第十条 评估主体在开展项目社会稳定风险评估论证时，应当对符合本暂行办法第二条规定的项目的社会稳定风险情况，形成专门的评估报告。

第十一条 对情况较复杂、评估论证难度较大的项目，评估主体可以组成由发改、政法（综治、维稳）、信访、国土、环保等有关部门，有关咨询机构、专家学者，以及涉及群众代表等参加的评估小组进行评估论证。

/ 附录 2　江西省发展改革委重大固定资产投资项目社会稳定风险评估暂行办法 /

第十二条　项目可行性研究报告或项目申请报告的编制机构不得承担同一项目的社会稳定风险评估咨询工作。

第十三条　评估主体进行社会稳定风险评估，应按以下程序和步骤进行。

（一）充分听取意见。根据实际情况，可以采取社会公示、问卷调查、实地走访和召开座谈会、听证会等形式听取各方意见。听取意见要注意对象的广泛性和代表性，对受影响较大的群众、有特殊困难的家庭要重点走访，当面听取意见。

（二）全面分析论证。分类梳理各方意见和情况，对项目实施的合法性、合理性、可行性和可控性进行全面深入研究，对项目分析报告提出的风险调查、风险识别与估计、防范和化解风险措施和风险等级判断建议等逐项进行评估论证，特别要对风险因素、风险发生的概率、可能引发矛盾纠纷的激烈程度和持续时间、涉及人员数量、可能产生的各种负面影响以及相关风险可控性进行重点评估论证。

（三）确定风险等级。根据分析论证情况，结合项目社会稳定风险分析报告中提出的风险等级建议，判断确定项目采取相关措施后的社会稳定风险等级。

（四）形成评估报告。评估报告应包括评估依据，评估范围，评估方法和过程，各方意见及采纳情况，决策可能引发的社会稳定风险，风险等级判断和评估结论，风险防范和化解措施以及应急处置预案等内容。

第十四条　评估主体进行社会稳定风险评估，应重点围绕以下几方面内容进行全面、客观、公正的评估。

（一）合法性。项目实施是否符合现行法律、法规、规章和国家、省有关规定；项目实施是否符合国家产业政策和行业准入标准。

（二）合理性。项目实施是否符合大多数群众利益，是否兼顾群众的现实利益和长远利益，会不会给群众带来过重的经济负担或者对群众的生产生活带来过多不便。拟采取的防范和化解风险措施是否适当有效，是否最大可能维护了所涉及群众的利益。

（三）可行性。项目实施是否与本地经济社会发展水平相适应，建设方案是否考虑群众接受程度、是否得到大多数群众的支持。

（四）可控性。项目实施是否存在公共安全隐患，会不会引发群体性事件、集体上访,会不会引起社会负面舆论、恶意炒作以及其他影响社会稳定的问题。可能引发的社会稳定风险是否可控,能否得到有效防范和化解,是否制定了相应的应急处置方案,宣传解释和舆论引导工作是否充分。

第十五条 评估主体作出的社会稳定风险评估报告是省发展改革委审批、核准或者核报省政府审批、核准项目的重要依据。

(一)评估意见认为项目存在高风险,省发展改革委不予审批、核准或核报省政府建议不予审批、核准。项目单位优化调整方案后重新报送审批、核准。

(二)风险等级确定为中风险的,待采取有效的防范、化解风险措施后,再行审批、核准。

(三)风险等级确定为低风险的,在做好解释说服工作后可以审批、核准。

第四章 法律责任及其他

第十六条 省发展改革委未按照本办法规定,对项目可行性研究报告、项目申请报告给予审批、核准,给国家和人民利益以及公共财产安全造成较大或者重大损失等后果的,应当依法依纪追究相应责任。

第十七条 项目单位和评估主体应对其作出社会稳定风险分析报告、评估报告的真实性、可靠性、准确性负责。对项目单位和评估主体违反相关规定,不按规定的程序和要求进行分析或评估导致决策失误、或者隐瞒真实情况、弄虚作假,给国家和人民利益以及公共财产造成较大或者重大损失等后果的,应当依法依纪追究有关单位和责任人的责任。

第十八条 省发展改革委、有关部门和机构及其工作人员应遵守相关工作纪律和保密规定。

/附录2　江西省发展改革委重大固定资产投资项目社会稳定风险评估暂行办法/

第十九条　各市、县（市、区）发展改革部门可参照本办法，结合本地区实际，建立健全本地区重大项目社会稳定风险评估机制。

第二十条　本办法由省发展改革委负责解释。

第二十一条　本办法自发布之日起施行。

附录3 N市赣江新区全体居民致全国各大媒体的一份求助信[①]

尊敬的全国各大媒体领导、负责人：

我们是革命老区江西N市赣江新区百万居民中的成员，通过《N市固废处理循环经济产业园垃圾焚烧发电项目环境影响评价公众参与第二次公告》获悉，N市欲将原麦园生活垃圾掩埋厂升级改造，打造成日处理2400吨的垃圾焚烧发电厂。随着赣江新区（合并经开区、湾里区、新建区）的成立和"三区合一"推进大昌北融合计划的实施，国内外各类知名产业、企业的相继入驻，赣江新区不但是江西的一张名片，也将是整个中国中部地区的一张名片。垃圾焚烧发电项目不但能消除垃圾围城的现状、节约有限的土地资源、解决城区电力不足的问题，而且还能增加我市就业岗位等等，我们三区人民表示理解！但选址居然位于赣江新区的核心地带。

故强烈要求将垃圾焚烧发电项目远离城区另行择址！

纵观国内、外垃圾焚烧发电厂的发展，我们和全国所有的民众一样，对此项目尚存有众多的担忧和顾虑，现总结、罗列如下：

第一，担忧未分类的垃圾焚烧导致排放不达标。《2016年度N市固废处理循环经济产业园生活垃圾焚烧发电项目设计招标公告》之"工程概况、建设内容及规模"指出："焚烧处理和余热发电设施及配套设施，生活垃圾焚烧处理规模为2400吨/日，其中：考虑到合并N市污水处理产污泥处置需求，本项目附带焚烧处理100吨干化污泥（含水率40%），污泥掺烧比例为4.3%（控制在5%以内）。"

查阅公开文献和资料，发现发达国家都有严格的垃圾分类制度，源头上每家都有二到三个垃圾桶：厨余垃圾一个、再生垃圾一个、植物垃圾又是一个

[①] 资料来源：天涯社区，http://bbs.tianya.cn/post-828-1364843-1.shtml。

（用于堆肥后再出售），对于不认真遵守的家庭，当地市政管理部门可以按制度罚款；在运输方式方面，也是专属垃圾车负责运输专属垃圾，例如：生活垃圾运输车不负责运输可回收垃圾（废弃塑料、金属制品等）；在回收制度和回收机构设立方面，也有着完善的立法可以遵照，等等；而我国因为生活方式、市政管理和相关制度上的差别，垃圾大部分为厨余而且其构成相当复杂，所以可燃物的成分也与发达国家不尽相同。

纵观国内已建成的231座垃圾焚烧发电厂，都在处理未经分类的处理的生活垃圾。《231座生活垃圾焚烧厂信息公开与污染物排放报告》指出："2016年1月1日正式执行的新标准对垃圾焚烧厂规范化运行的控制非常有限。2016年第一季度有30座超新标，累计超新标次数高达4682次，其中，氮氧化物423次、二氧化硫2046次、烟尘2213次。""芜湖生态中心向全国33个市/区级环保部门申请了64座垃圾焚烧厂的'2015年十项大气污染物1~3季度监测数据'，仅得到16个市/区级环保部门的积极回复，其中只获得6座垃圾焚烧厂的二噁英监测数据，有两座垃圾焚烧厂二噁英排放浓度超新标准。"

我市将在未进行分类的垃圾中，加入含有重金属、病原菌的污泥，我们用什么样的技术保证全球一个世纪都难以解决的难题：焚烧过程中产生高毒性、环境中无法降解、"三致"（致癌，致畸形，抑制雄性激素分泌）的二噁英得以顺利解决？二噁英（Dioxin）为一级致癌物，其毒性是砒霜的900倍、氰化物的130倍，溶于脂肪、难溶于水、难以降解、持久存在、可距离迁移，属于持久性有机污染物。

第二，担忧垃圾沥滤液对N市环境造成二次污染。垃圾沥滤液，是指垃圾中产生的高浓度污水。其成分复杂，含有许多有害的有机化合物、病毒和重金属，1吨沥滤液相当于100吨生活污水。目前，没有成熟且完善的沥滤液处理技术，垃圾焚烧厂大多采用"预处理 生化处理 膜深度处理"的组合办法。主要是通过栅栏和混凝剂来去除沥滤液中的大型固体残渣和大分子悬浮颗粒，之后再通过厌氧反应和耗氧微生物对水中的有机物进行分解和降解，最后在沉淀后把较为清澈的上层液体排入当地的污水处理厂。

然而，由于垃圾焚烧厂的沥滤液污染程度比较高，处理起来需要巨大的资金投入，许多焚烧厂既不预先处理沥滤液，也不将其输送至污水处理厂，而是挖个大坑等沥滤液自己稀释到土壤里，或者直接排到附近的自然水域中。综合全国已经发生、并公之于众的许多事件,我市环保主管部门是否有行之有效、彻底的监督管理办法?

第三,担忧垃圾焚烧后灰烬的处理和去向监管。生活垃圾焚烧后的灰烬分两类:一类是飞灰,属于危险废物;另一类是底灰,可以作为制砖、铺路等的建材。

第一类危险废物飞灰,它的主要成分为 Ca、Si、Al;中量成分为 K、Na、Cl、Fe、Mg、Ti;微量元素为 Pb、Cr、Cd、Hg、Ni、As、Cu、Zn 等,这些元素组成体现了硅酸盐体系特征。其污染特性包括:溶解盐污染(飞灰的溶解盐质量分数可高达 22.1%)、重金属污染(飞灰具有浸出毒性)、二噁英污染(飞灰、底灰的二噁英毒性当量分别为 6ng/g、4ng/g、0.03ng/g)。

另一类底灰,其污染和危害不亚于飞灰,很可能成为马路广场、居民房子、学校校舍甚至幼儿园的建材。其处理过程、生产产量、成品去向等监督管理办法若不向社会公开,如何能消除老百姓心中的担忧、保证广大人民群众和孩子们的健康?

第四,担忧企业为控制成本导致有毒有害物质肆意排放。在垃圾焚烧发电过程中,不乏含水量很高的生活垃圾(更何况我市还会加入含水量 40% 污泥),为保证生活垃圾能充分地燃烧,则必须掺入足量、优质的电煤。正常情况下,产生的二噁英需要足量、优质的活性炭吸附。任何企业存在的核心价值就是追求利润,足量、优质的电煤和活性炭的投入,再加上日趋严格的三废(废水、废气、废渣)排放标准,势必会翻倍增加企业的运营成本,这和企业存在核心价值是相悖的。纵观经常见诸报端的此类新闻,我市如何保证企业按设计标准运营?涉及广大人民群众和孩子们健康的重要项目,管理不善很可能造成严重的大规模污染,甚至是区域性的环境灾难。

第五,担忧垃圾焚烧处理厂离居民区的距离过近。根据国家环境保护部文件[环发〔2008〕82 号]《关于进一步加强生物质发电项目环境影响评价管理工作的通知》中第一条"生活垃圾焚烧发电类项目"第 1 点"厂址选择"中明确规定:除国家及地方法规、标准、政策禁止污染类项目选址的区域外,以下区域一般不得新建生活垃圾焚烧发电类项目:

(1) 城市建成区;

(2) 环境质量不能达到要求且无有效削减措施的区域;

附录3 N市赣江新区全体居民致全国各大媒体的一份求助信

(3) 可能造成敏感区环境保护目标不能达到相应标准要求的区域。

原麦园垃圾填埋场1998年正式投入运行,在我市经济高速发展的近20年后,如今其周边5公里的范围内已有10多万常住人口、楼盘云立、学校无数(包括幼儿园和大中小学),已然属于上述(1)城市建成区。随着赣江新区的成立和"三区合一"推进大昌北融合计划的实施,此规划将更加不适合我市城市发展需要。

原麦园垃圾填埋场5公里范围内人口分布情况

序号	机构名称(不完全统计)	直线距离(公里)	常住人口
1	黄杨村	0.67	2000人
2	卫国村	1.5	1450人
3	南昌师范学院	1.8	5000人左右
4	江西电力职业技术学院	2.1	3000人左右
5	世纪乐活公园城	2.3	2000户
6	江西财经大学(麦庐校区)	2.8	10000人
7	江西旅游商贸学院	2.9	1800学生,1000教工
8	江西省林科院	2.9	443人
9	万科金域传奇	2.9	2000户
10	朗晴园	3	1200户
11	汉港凯旋城	3.1	2404户
12	莱卡小镇	3.1	786户
13	保利半山	3.1	313户
14	江报翰林院	3.2	1788户
15	新力帝泊湾	3.3	2040户
16	郎贤加州溪谷	3.6	817户
17	东华理工大学	3.8	10000人
18	南天阳光	3.8	4343户
19	三州住宅小区	4.1	暂无数据
20	大都会	4.1	1231户
21	万科金域国际	4.2	3244户
22	南天金源	4.4	1028户

续表

序号	机构名称（不完全统计）	直线距离（公里）	常住人口
23	新宇拉菲公馆	4.5	1092 户
24	香逸熙园	4.6	1543 户
25	金嘉名筑	4.6	1878 户
26	金桥慧景	4.6	1686 户
27	江西财经大学（枫林校区）	4.7	3000 在校生，500 教工
28	江西科技师范大学（枫林校区）	4.8	10000 在校生，800 教工
29	现代米罗（恒茂世纪花园）	4.9	78 户
30	洪客隆英伦联邦	5.1	4480 户
31	新建区政府	4.9	暂无数据
32	经开区管理委员会	5.1	暂无数据

（以上的统计数字为第三方社会人口监测统计的约占 5 公里范围内受影响人口的 1/6，仍有许多大中型企业、居民集居点、农村自然村组、大中小幼学校的人口数据无法统计，且新建、经开两区的管委会所在地也在受影响范围内。）

截止日前，我们正常的网络诉求被恶意删除、屏蔽、灌水，我们逐层级递交的纸面诉求和联名信如泥牛入海、杳无音讯！我们诉求无门，民怨还在进一步发酵。

综上所述，恳请各级领导从全局角度、战略性的视角对垃圾焚烧发电厂另行择址！

1. 严格执行国家垃圾焚烧厂选址标准，远离居民区，远离学校和孩子！要求远离经开区十公里以外；

2. 立即封闭现麦园垃圾填埋场，终结废气废水外溢责任事故，追究相关负责人责任，建立麦园环境监测系统，确保周边居民空气水源安全。

我们 N 市赣江新区全体居民拜请：

全国各大媒体公开刊登此求助信，或利用媒体的影响力，客观地消除广大人民群众的担忧和疑虑！

N 市赣江新区全体居民叩谢！

附录4 地方领导留言板[1]

我要生存！坚决抵制建麦园垃圾焚烧场。

存在问题：1. 填埋场周边规划布局不尽合理。该场填埋区原为水库，东西北三面环山、南面开口，呈畚箕状。根据建设部《城市环境卫生设施规划规范（GB50337-2003）》，生活垃圾卫生填埋场应位于城市规划建成区以外，距大中城市规划建成区应大于5km，距小城市规划建成区应大2km，距居民点应大于0.5km。但随着城市的发展，该场与经开区建成区仅一路之隔，而且在N市麦园垃圾处理场填埋区"豁口"东南方建有N市师范学院、江西电力职业技术学院、汉港山城国际小区、新力帝泊湾、南天阳光小区、麦园村等大量环境敏感点。遇低压、静风等气候，"豁口"附近空气"聚集"形成区域性气溶胶团，尤其在湿热天气条件下难以扩散，恶臭气体对周边师生及居民产生影响。2. 已采取的治理措施难以完全消除"异味"影响。据了解，该填埋场沼气发电厂主要收集垃圾堆体下部沼气进行发电，浅层垃圾产生的沼气因含氧量较高不符合发电要求仍聚集在膜面以下，出于安全考虑，现已覆盖的膜均设置了排气孔防止沼气聚集，浅层垃圾产生的恶臭气体仍向环境直接散逸。3. 部分治理措施尚未落实。2015年7月14日、11月16日，市政府先后下发有关通知，要求填埋场采取有关治理措施并明确了时间节点，但有一些措施尚未落实到位。一是该场填埋库区雨污分流系统建设不到位，垃圾部分渗滤液和膜面废水随雨水排入自然水体，污染下游地表水，同时给下游带来"异味"；二是填埋作业区使用洒水车喷洒除臭药剂，垃圾暴露面无法全部喷洒到位；三是部分垃圾清运车辆未实现密闭运输，运输过程中垃圾臭气对运送线路周边带来一定影响。4. 渗滤液调节池严重满溢直排。渗滤液调节池中的渗滤

---

[1] 资料来源：人民网，http://liuyan.people.com.cn/threads/content?tid=4743752。

液，本应通过渗滤液深度处理站处理后达标排放，现因渗滤液过多，远远超出渗滤液深度处理站处理能力，导致渗滤液调节池中的渗滤液废水满溢，部分渗滤液废水未经处理通过导排管流入污水管网，雨季会有少量渗滤液废水通过截洪沟流入龙潭水渠。

我们的四个诉求：1. 鉴于垃圾填埋场对周边居民及学校的影响造成了多次群体事件建议将该填埋厂所有企业列入国控污染源名单或者省控污染源名单。2. 鉴于企业存在多次违规行为，建议环保部门要求企业上在线监测设备，实时公开环境数据接受社会监督。3. 环保提的整改措施企业必须列出整改时间表。4. 麦园垃圾焚烧场选址不合理，应另行择址。